킹콩샘과 아이들이 엮어가는 작은학교 이야기

학교가 돌아왔다

윤일호 지음

학교가 돌아왔다

초판 1쇄 발행일 2015년 4월 24일
초판 2쇄 발행일 2015년 11월 9일

글   윤일호
그림   최현선

펴낸이 김완중
펴낸곳 내일을여는책
관리실장 장수덕

인쇄   예림인쇄
제책   바다제책

출판등록 1993년 01월 06일(등록번호 제475-9301)
주소   전라북도 장수군 장수읍 송학로 93-9(19호)
전화   063) 353-2289
팩스   063) 353-2290
전자우편 wan-doll@hanmail.net
블로그 blog.naver.com/dddoll

ISBN 978-89-7746-048-5 03370

킹콩샘과 아이들이 엮어가는 작은학교 이야기

학교가 돌아왔다

윤일호 지음

내일을여는책

추천사 *   《학교가 돌아왔다》는, 학교다운 학교를 만들고 싶어
                했고, 교사다운 교사가 되고 싶어 했고, 지금도 그 길
을 걸어가고 있는 '킹콩샘' 윤일호의 교사 일기와도 같은 책입니다.

'학교는 이런 곳이어야 한다.'는 간절한 신념을 갖고 있으면서도 그 신념을 구체화시킬 기회를 찾지 못했던 지은이는, 폐교 직전에 있던 진안 장승초등학교에서 교사로서의 새로운 삶을 펼치기 시작했습니다.

이 책에는 지은이가 교사로서 만난 아이들과 동료 교사들, 관료 조직, 학부모들과 겪고 나누었던 삶의 현장이 생생하게 그려져 있습니다. 하지만 그 속에는 교사로서 보람된 모습만이 아니라 부끄러운 일도 그려져 있습니다.

이 책이 세상에 얼굴을 드러내면 부분적으로는 동료 교사들로부터 비난을 당할지도 모릅니다. 그럼에도 지은이는 그런 부분에 대한 글쓰기를 주저하지 않습니다. 지은이의 마음 바탕에는 동료 교사들을 향한 따뜻한 애정과 동지애가 깃들어 있기 때문입니다.

무엇보다 아이들의 삶, 그리고 그 삶을 그려내는 아이들의 시와 글이 없었더라면 이 책은 아주 밋밋하고, 누구나 쓸 수 있는 정도의 글 모음이 되었을지도 모릅니다.

하지만 저자는 각 장의 도입부마다 아이들이 쓴 시를 소개하고, 다시 또 중간 중간에 아이들의 글을 마치 징검다리처럼 연결해놓았습니다.

글의 첫머리는 역시 아이의 시로 문을 열었습니다.

버들강아지 / 박성현(장승초 3학년)
친구들이랑 버들강아지를
처음 보았다.
부드럽다.
강아지 꼬리랑 비슷하다.
볼에 대면 간지럽기도 하고
조금 까칠하기도 하고
부드럽기도 하다.
기분이 좋았다.
집에 가져가려고 챙겼다.
교실에 올 때 황소개구리를 보았다.
(2014. 3. 17)

교사가 삶의 순간순간에 아이들의 눈에 비친 자신의 모습을 들여다보는 노력을 하지 않는다면, 아이들과의 정신적 연대감이 없는 상태에서 나 홀로 삶을 살 수밖에 없을 것입니다. 다음의 시는 지은이의 삶을 되돌아보는 계기가 되었습니다.

청소 / 송풍초 6학년 민진홍
연구발표회를 한다고
학교 청소를 사흘이나 했다.
유리창 닦는 것만 이틀을 했다.
당일이 되니까 선생님들도 180도 바뀌었다.
갑자기 친절해지셨다.
사람이 저렇게 변할 수 있나?
웃기면서도 신기하다.
(2008. 10. 31)

지은이가 근무해온 진안 장승초등학교는 2010년 당시 재학생이 불과 13명이었고, 그중 6명이 6학년이었습니다. 그런데 전북교육청은 이 학교를 도교육청이 지정하는 혁신학교로 발표하였습니다.

나는 그 당시 언론이 어떤 보도를 냈는지 전혀 모르고 있었는데, 이 책의 원고를 읽으면서 비로소 알게 되었습니다.

"최근 20개 학교를 혁신학교로 선정한 것을 두고 뒷말이 무성하다. 뚜렷한 기준과 원칙이 없다 보니 자의적인 선정이라는 비판을 듣는다. 사전 내정설 또는 교육감 선거 당시의 지원에 대한 보은 선정이라는 평도 나온다. 2012년 2월 폐교 예정인 진안 장승초는 일찍부터 내정설이 나돌았고 실제로 혁신학교로 선정됐다……."

도의회 교육위원회도 이러한 비난에 가세했습니다.

"도교육위원회 소속 의원들은 15일 자율학교인 군산 회현중과 혁신학교로 지정된 진안 장승초를 방문, …… 현행법과 제도적으로 허용되지 않는 위장전입으로 통학구 위반인데도 이를 묵인하는 것은 교육의 근본 질서를 무너뜨릴 수 있다고 우려를 표시했다."는 것입니다.

이런 과정에서 지은이를 포함하여 장승초등학교 교육공동체 구성원들이 겪었을 고통이 얼마나 컸을까를 생각하니, 미안한 마음이 앞섭니다. 정말 그 당시에는 언론이 어떻게 보도하고 있는지 몰랐고, 관심도 없었습니다.

장승초등학교 교사들은 아이들의 학습을 교과서에 묶어두지 않습니다.

일하기도 교육과정의 일환이기 때문입니다. 청소는 기본이고, 텃밭 가꾸기, 키우고 싶은 식물을 정해서 모종 심기, 모내기와 거두어들이기까지 아이들 스스로 합니다.

자녀를 장승초등학교에 보내는 학부모들에게 주어지는 가장 큰 선물은 무엇일까? 지은이는 '내년에 우리 아이의 담임선생님이 누가 될까에 대한 두려움이 전혀 없다'는 것을 가장 큰 선물로 꼽았습니다. 한 학부모의 말입니다.

"우리 장승초에서는 그런 걱정을 하지 않아요. '누가 담임 돼도 좋다.'는 선생님에 대한 학부모의 믿음이 있기 때문입니다. 얘기해보면, 다른 엄마들도 모두 그렇게 생각하더라고요. 이전 학교 엄마들이 장승초의 이 점을 가장 부러워하더라고요."

이 책이 '아이들이 가고 싶은 학교'가 무엇인지 그 정답을 제시하고 있는 것은 아닙니다. 하지만 최소한 아이들은 어떤 존재들이고, 아이들이 지니고 있는 잠재적 가능성들은 어떻게 꽃을 피우게 되는지, 아이들에게 교사란 어떤 존재이고, 학부모에게 자녀와 교사는 어떤 존재인지를 경험적으로 서술한 책입니다.

2015년 4월

김 승 환 전라북도교육감

여는 글*

차가운 바다 속, 가라앉는 배 안에서 두려움에 떨었을 아이들을 생각하면 지금도 웃고, 떠들며 살아가는 내 모습이 사치로 느껴진다. 함민복의 시 구절처럼 '아, 이 공기, 숨쉬기도 미안한 사월'이다. 세월호가 침몰하고 한 해가 흘렀지만 진상규명은 전혀 이루어지지 않고, 유가족들은 지금도 고된 나날을 보내고 있다. 어떤 사람들은 먹고살기도 힘든 세상에 지겹지 않느냐. 그만하자, 가슴에 묻어두자고 한다. 하지만 부모로서, 아이들을 만나는 교사로서 도저히 그럴 수가 없다.

'세월호'는 나에게 '국가와 학교는 왜 존재해야 하는가?' '나는 아이들에게 어떤 교사인가?' '부모로서 자식을 어떻게 만나야 하는가?'에 대한 근본 물음을 던져주었다. 이런 때일수록 우리 아이들에게 참과 거짓, 사회 부조리에 대해 당당하게 말할 수 있는 힘을 길러주고 싶다.

개자식 / 민진홍(송풍초 5학년)
밤에 엄마 심부름을 가는데 / 학교 쪽에서 어떤 검은색
좋은 차가 찻길로 가는 / 얼룩진 강아지를 / 못 보고 치었다.
나도 모르게 소리를 지를 뻔했다.
그 아저씨는 차에서 내려 / "에잇 씨발 퉤!" / 하며 침을 뱉고 갔다.
'저런 개자식 짐승보다 못한 놈.'
나는 밤이라 개를 묻어주지도 못하고 / 그냥 왔다.
강아지가 죽은 것을 보고도
안 묻어준 내가 더 나쁜 놈같이 / 느껴진다. (2007. 4. 8)

잘못된 것을 보고 그냥 지나치지 않았던 진홍이는 동무를 먼저 배려하는 마음이 따뜻한 아이, 정의로운 아이였다. 고등학교를 다니다 중간에 그만두고, 지금은 새로운 꿈을 향한 도전을 준비하고 있다. 어디서 무엇을 하건 진홍이가 썼던 시와 글을 보면 당당하고 참되게 살 것이라 굳게 믿는다.

선생노릇을 시작한 뒤부터 계속된 고민거리는 '아이들과 학부모, 교사가 모두 행복한 학교는 가능할까?'였다. 장승학교를 시작하기 전에도, 지금도 물론 현재 진행형이다.

학부모들에게 학교의 문턱은 왜 그렇게 높은지, 공문서에 휘둘리지 않고 교사들이 온전히 아이들만 가르칠 수 있는 세상은 요원한 것인지……. 해결되지 않는 숙제였다. 북유럽의 학교를 굳이 비교하지 않더라도 우리 사회 전반의 구조와 상황은 아이들과 학부모, 교사들의 숨을 턱 막히게 한다. 아이를 학교에 보내고 편안해지기는커녕 두려움과 관계성을 동시에 고민하지 않을 수 없다.

장승학교도 크게 다르지 않다. 큰 기대와 희망을 가지고 아이를 보낸 학부모들도 아이들 사이에 다툼이 있거나 힘들어하는 아이가 생기면 금세 "설마 장승이 이럴 줄 몰랐어요." "에이, 장승도 별것 없네요." 하고 실망을 하기도 한다. 기대를 충족시켜드리지 못해 미안하기도 하지만 "그러니까 우리 함께 만들어 가야죠." 하고 식구처럼 지내고 싶은 마음을 전한다. 함께한다는 것에서 교육공동체의 희망을 찾을 수 있지 않을까?

여러 학부모, 교사들과 지내온 이야기, 시골에 살면서 아이들과 지낸 이야기, 장승 식구들과 함께 장승학교를 일군 이야기를 있는 그대로 한 번쯤 정리하고 싶었다. 하지만 오랜 시간 원고를 쓰는 작업은 그리 녹록치 않았다. 그럼에도 아내는 네 아이의 엄마로, 학교 선생으로 여러 역할을 하면서도 책을 낼 수 있도록 용기를 주었고, 큰 힘이 되어주었다. 힘들 법도 한데 흔쾌히 시골생활을 함께해주었고, 내 고민을 곁에서 지켜보고 나누며 격려를 아끼지 않았다. 더불어 네 아이 영토, 민, 겨레, 벼리에게도 미안하고 고맙다.

행복한 교육공동체로서의 장승학교를 고민하고 시작했으며 지금도 함께하고 있는 여러 식구들을 떠올려본다. 여러 해 동안 희로애락을 함께한 이명근 교장선생님을 비롯한 장승 선생님들 그리고 폐교 위기의 학교에 선뜻 아이들을 보내고 함께 일군 학부모님들, 장승학교를 졸업했거나 지금 다니고 있는 장승의 아이들. 모두 서로 믿고 힘이 되어준 소중하고 귀한 사람들, 항상 고마운 사람들이다.

부족한 글이 책이 될 수 있도록 믿어주고 힘이 되어준 김완중 대표에게도 고마움을 전한다.

4월 16일을 앞두고 윤민석의 〈잊지 않을게〉를 들으며 우리 반 아이들과 함께 노란리본을 만들었다. 우리 아이들이 세상 앞에서 더욱 당당하게 살아갈 수 있도록 선생으로, 부모로 더 잘 살아야겠다.

2015년 4월

윤 일 호

이야기 차례*

학교 둘레에 꽃이 활짝 피었어요
무더위, 학교에서 시원하게
지리산 종주로 가을 열기
추위도 아랑곳하지 않는 따스한 학교

1부

장승 아이들의
한 해 나기

● ● 학교 둘레에 꽃이 활짝 피었어요

버들강아지 / 박성현(장승초 3학년)
친구들이랑 버들강아지를
처음 보았다.
부드럽다.
강아지 꼬리랑 비슷하다.
볼에 대면 간지럽기도 하고
조금 까칠하기도 하고
부드럽기도 하다.
기분이 좋았다.
집에 가져가려고 챙겼다.
교실에 올 때 황소개구리를 보았다.
(2014. 3. 17)

얼음새꽃은 봄철 장승학교에서 가장 흔히 볼 수 있는 꽃이다. 눈삭이꽃
이라고도 하는데, 우리가 흔히 부르는 복수초는 일본식 이름이다. 얼음새
꽃이 군락을 이루는 경우가 흔하지 않다는데, 학교 옆 용마봉 기슭에는 군
락을 이루어서 2월 말부터 3월까지 장관을 이룬다. 학교가 용마봉 바로 옆

18

에 있어 해가 일찍 지기 때문에 좋지 않다고만 생각했는데, 얼음
새꽃 군락을 보면 뭔가 큰 뜻이 있구나 싶기도 하다. 새로 지은
건물 앞에도 옮겨 심은 터라 장승학교 아이들에게는 얼음새꽃
이 참 자연스럽다.

학교 옆으로 흐르는 세동천에는 2월 말이 되면 버
들강아지가 핀다. 아이들은 냇가를 지나면서 버들강
아지를 만지며 논다. 몰랐던 아이들은 새로 버들강아지
를 배우기도 한다. 이외에도 학교 앞길을 따라 온갖
들꽃이 핀다. 흔한 나팔꽃, 강아지풀부터 바랭이,
광대나물, 달개비, 물봉선, 망초, 며느리밑씻개, 범
의꼬리, 괴불주머니, 여뀌 따위가 즐비하다. 장승
학교가 해발 약 350미터에 자리 잡고 있으니, 말 그대로 고원지대나 다름없
다. 우리 학교의 복이 아닐까 싶다.

3월에는 여느 학교들이 다 그렇듯 입학식을 하고, 새 학년을 출발한다. 장
승의 입학식은 6학년 아이들이 새로 입학하는 아이들의 손을 잡고 들어오면
서 시작한다. 요즘은 예전과 달리 특별한 입학식을 아이들에게 선물한다. 장
승의 입학식 가운데 특별했던 것은 2012년 2월, 폐교를 앞두고 열렸던 2011
학년도 입학식이었다. 2011년 2월에 전교생 13명 가운데 6명이 졸업을 하고
7명이 남았는데, 전교생이 57명으로 늘어나면서 신입생도 13명이나 입학을

하게 되었다. 장승학교에 아이들을 보내게 된 학부모들은 대부분 작은 학교를 살린다는 순수한 뜻을 여러 통로로 듣고서 기꺼이 동참을 하신 분들이다. 당시 이분들은 주로 무엇 하나 갖추어져 있지 않은 형편의 학교에 아이들을 보낸 분들이다 보니 학교에 대한 지나친 기대와 환상보다는 지극히 교사를 믿고 기다려주며 공동체로서 학교를 만들어가고자 하는 마음이 크신분들이 대부분이었다. 기껏해야 한 해에 두서너 명 입학하던 신입생이 갑자기 늘어나게 되었으니 장승학교의 새로운 출발과 다름없는 뜻 깊은 자리였다. 학교 입학식에서 학부모들도, 아이들도, 교사들도 대부분 첫 만남의 자리였고, 감격스러운 자리였다. 50여 명의 아이들과 함께 폐교 위기의 학교가 새로운 출발을 하게 되었다.

장승의 아침 활동은 딱히 무엇을 하라고 학교에서 정해주는 것이 없다. 학급마다 빛깔이 다르므로 그 다름을 존중하고자 하는 것이다. 선생님들마다 아이들과 아침활동으로 하고 싶은 것이 있을 터이고, 그 생각에 따라 아이들을 만나는 것이 관계 형성의 핵심이라고 생각한 것이다. 그래서 어떤 반은 아침 독서를 하고, 어떤 반은 보이차를 마신다. 자유롭게 운동장에서 공을 차거나 노는 반도 있다. 일찍 온 아이들은 30분 넘게 아침활동을 하지만 전주에서 오는 아이들은 20분 정도만 한다. 나는 그중에서 차 마시기를 택했다. 따뜻한 교실 바닥에 앉아 차를 마시면서 아이들과 이런저런 이야기를 나누다 보면 부쩍 더 친해진 느낌이 든다.

학교가 돌아왔다

장승의 봄은 다른 지역보다 늦다. 온도가 전주보다 섭씨 4도 정도 낮다. 그리고 2~3년에 한 번쯤은 4월에도 눈이 펑펑 온다. 이처럼 눈이 많은 편이라 전주에서 차량으로 통학을 시키는 부모님들은 눈이 오는 날 걱정이 많다. 멀리 시골의 작은 학교까지 아이들을 보내자니 '안전'이 무엇보다 중요한 문제다. 더구나 2014년 세월호의 슬픔을 기억하고 있는 터라 '안전'은 아주 민감한 문제가 되었다. 이 때문에 아이들의 안전을 위해 학교와 학부모들은 최대한 노력한다. 그럼에도 장승학교에 아이를 보내는 부모님들은 학교에 대한 믿음이 크다. 아이들의 행복한 학교생활과 안전을 바꿀 수는 없지만 아이들이 멀리 시골학교로 오지 않고, 자신이 사는 둘레 학교에서 안전하고 행복하게 학교생활을 했으면 더 좋겠다는 생각을 해본다.

작은 학교의 특징은 유치원부터 6학년 아이들까지 모두가 서로의 이름을 안다는 것이다. 장승학교는 유치원까지 총 인원이 110명 정도 되는데, 전학 온 아이들도 하루 이틀만 지나면 금세 친해진다. 한 아이가 전학을 오면 온 학교에 소문이 나서 아이들이 구경을 오기도 한다.

보통 초등학교에 입학을 하면 졸업할 때까지 한 반이니까 전학을 오는 아이들이 관심의 대상일 수밖에 없다. 6학년 언니, 오빠들은 유치원 동생들을 챙겨주고, 저학년 동생들은 고학년 선배들에게 기대며 사이좋게 지낸다. 이런 것이 작은 학교의 장점이 아닐까 싶다. 다만 학년 초에 1학년으로 입학을 한 아이들끼리 또는 기존에 장승을 다니던 아이 사이에 새로 전학을 온 아이와 새로운 관계 형성을 하는 데 있어 다소 시간이 걸리거나 다툼이 발생하는 경우도 있다. 이 또한 믿고 기다리다 보면 자연스럽게 좋은 관계성을 이루게 된다.

3월 말이 되면 도시에서는 거의 사라진 가정방문이 이루어진다. 부모님들의 퇴근 시간에 맞춰 시간을 조정하고 집을 방문하는데, 서로 부담스러울 수 있기 때문에 먹을거리는 음료수 한 잔으로 끝낸다. 아이들이 사는 가정 환경을 살피는 것은 교사가 아이를 이해하는 데 아주 중요한 요소 가운데 하나다. 부모들도 그 시간을 통해 담임선생과 충분한 이야기를 나눌 수 있어 좋다. 여러 해가 지나고 보니, 학부모들도 담임선생이 집에 온다고 하면 부담보다는 기대를 한다. 내 어린 시절에 그랬던 것처럼.

4월이 되면 장승학교 둘레로 벚꽃이 만발한다. 벚꽃이 만발하는 날은 특별한 날이 된다. 아침 활동으로 곰티로를 걷는 것이다.

무진장(무주·진안·장수) 사람들은 소태정 고개가 생기기 전까지 모래재로 다녔다. 그리고 그 이전에는 곰티재로 다녔다. 그 곰티재 가는 길목에 장승학교가 있다. 그 길로 쭉 뻗은 벚꽃 나무들을 바라보노라면 '참 이쁘다'는 말이 절로 나올 수밖에 없다. 그야말로 장관이다.

전교생이 함께 이야기를 나누고 웃고 장난치면서 곰티로 벚꽃길을 걷는다. 그 기쁨은 이루 말할 수가 없다. 들꽃을 보는 재미도 쏠쏠하다. 개중에 곰티로에 특히 많이 핀 꽃이 있어서 기억해 두었다가 찾아보니 '광대나물'이다. 제비꽃과 애기똥풀, 달래도 있다. 아는 꽃보다는 이름 모르는 꽃이 더 많

학교가 돌아왔다

지만 들꽃을 보는 것만으로도 행복하다. 아이들은 아이들대로 신이 난다. 들꽃 책을 펼쳐 든 채 길을 걷다가 '어? 이게 그 꽃이구나!' 하고 하나씩 알아가는 재미도 있다.

벚꽃길을 달리는 아이도 있고, 들꽃에 빠진 아이도 있다. 벚꽃을 따서 머리에 꽂아보는 아이들도 있다. 냇가에 모여 흐르는 물을 바라보기도 한다. 모두가 함께 걷는 길이라 그런지 또 다른 기분이다.

벚꽃이 바람에 날리는 모습은 정말 아름답다. 그래서 어느 시인은 벚꽃을 녹지 않는 눈이라고 비유하지 않았던가. 30분 넘게 걸었건만 전혀 힘들지 않고 기분이 마냥 좋다. 아이들도 행복한 표정이다. 곳곳에서 꽃과 함께 사진을 찍는다. "이제 그만 돌아가자." 하는 말이 아쉽게 들린다.

돌아가는 길은, 같은 길인데도 또 다른 느낌을 준다. 아이들 관심도 다르다. 나도 그렇다. 갈 때는 오른쪽 산에 관심을 두었는데 올 때는 왼쪽 냇가와 저 멀리 산에 관심이 간다. 그러고 보니 봄 산은 참 예쁘다. 가을과는 전혀 다른 느낌이다. '장승학교에 오기를 참 잘했다. 그 덕분에 아침 산책으로 벚꽃길을 걸을 수 있구나.' 하며 걷는다.

이런 행복한 학교에 와서 좋고, 벚꽃길을 걸어서 좋고, 좋은 사람들과 같은 학교에 있어서 좋고, 좋은 학부모들과 인연이 되어서 좋다. 문득 '따로 인성교육을 하지 않아도, 이런 학교는 그냥 다니기만 해도 교육이 되겠지. 이렇게 몸으로 겪고 느끼면서 아이들 삶이 커가겠지.' 하는 생각을 해본다.

3월부터 5월까지 매달 마지막 주에는 진안 고원길 걷기를 한다. 고원길은 '지리산둘레길'이나 '제주올레길' 같은 우리 지역 둘레길 가운데 하나다. 장승학교는 따로 소풍이 없고, 고원길 걷기로 대신한다. 학년을 구분하지 않고, 도시락을 싸와서 보통 10킬로미터 이내를 걷는다.

장승학교에서는 아이들을 데리고 놀이공원에 가지 않는다. 그 까닭은 '스스로 서서 서로를 살리는' 학교 철학과 다르기 때문이다. 고원길을 걷는 것은 스스로 서는 것과 관련이 깊다. 여러 해 진행되는 과정에서 "동물원이나 놀이공원은 도대체 왜 안 가는 거예요?" "제발 놀이기구 한 번 탔으면 좋겠어요." 하던 사람들도, 결국은 우리가 수행하고자 하는 철학을 공유하고 이해하게 되었다.

봄은 이렇게 깊어가다가 5월에 열리는 운동회로 정점을 찍는다. 이름 그대로의 '시골 운동회'는 지역의 어르신들과 학부모, 교사, 아이들이 함께 어우러질 수 있는 참 귀한 자리다. 시골학교가 없다면 함께 어울려 나눌 수 있는 자리도 없을 터이다. 지역을 정말 사랑하는 분이라면 사라지기 직전의 학교에서 귀농·귀촌한 젊은이들과 지역민, 어르신들이 함께 어우러지고, 그 곁에서 북적북적 아이들 소리가 들리는 자리를 함께한다는 그 자체만으로도 눈물 나는 자리가 아닐까 싶다.

초봄에 피는 얼음새꽃, 버들강아지는 물론 학교 옆에 있는 용마봉도 귀하고, 학교 옆으로 흐르는 세동천도 그렇게 귀할 수가 없다. 학교와 그 둘레의 자연환경은 온전히 예전부터 그대로 한 몸이 아니었을까?

장승의 봄은 그렇게 둘레의 꽃과 세동천, 용마봉이 어우러지면서 지나간다.

학교가 돌아왔다

● ● 무더위, 학교에서 시원하게

나무 / 이수아 (장승초 6학년)
태풍 볼라벤이 왔다.
볼라벤이 와서
하루 종일 집에만 있다.
창밖을 보니
나무가 꺾일 것만 같다.
나무는 아슬아슬하게
버티고 서 있다.
(2012. 8. 30)

　고원지대인 진안은 여름에도 아주 시원한 편이다. 저녁에 잘 때는 이불을 덮어야 할 정도로 오히려 춥다. 그래서 도시에서 흔히 볼 수 있는 에어컨도 거의 찾아볼 수 없다. 장승도 마찬가지다. 특히 새로 지은 교실은 단층 구조에다 교실마다 다락이 있어서인지 참 시원하고 좋다. 그러니 웬만큼 덥지 않으면 에어컨을 잘 틀지 않는다. 하지만 지은 지 40년이 넘은 본관 건물과 후관 건물은 열을 그대로 받아들이기 때문에 제법 덥다. 특히 2층은 엄청 더운 편이다.

6월에는 특별한 학교 행사 없이 교육과정에 따라 수업을 하고, 7월에는 학교 근처에 있는 요양원으로 1학기 봉사활동을 간다. 그리고 여름에는 1학기 말 평가와 여름계절학교 그리고 방학이 기다린다.

장승학교는 2011학년도부터 서술형 평가로 바꾸었다. '평가를 바꾸지 않으면 아이들의 수업도 바뀔 수 없다는 고민에서 출발한 것이다. 학년마다 꼭 배워야 할 성취 기준을 뽑고, 그에 따라 교과서에 얽매이지 않고 자유로운 문제를 낸다. 뭔가 외워서 푸는 시험문제가 아니라서 아이들은 특별히 시험 공부를 하지는 않는다.

학년마다 조금씩 다르기는 하지만 아이들과 함께 공부한 내용을 주로 평가하는데, 특별히 공부를 하지 않아도 자신의 생각을 쓸 수 있도록 문제를 구성한다. 그래서 장승 아이들은 대체로 시험에서 자유로운 편이다. 우선 학교에서 시험에 대한 스트레스를 주지 않고, 부모들 또한 학교의 방침에 따라 자유롭게 키운다. 한 해에 두 번 기말시험을 보는데, 대부분의 아이들이 시험을 언제 보는지 모르고 지나간다.

학년마다 조금씩 다르기는 하지만 국어 과목은 아이들에게 한 해 동안 읽어주었던 책에서 바탕글을 뽑고, 자신의 생각을 적을 수 있도록 문제를 낸다. 한마디로, 문제집을 풀어서 해결할 수 있는 문제가 아니다.

여름방학을 앞두고 7월 넷째 주가 되면 여름계절학교가 열린다. 4~5일

학교가 돌아왔다

간 열리는 여름계절학교는 대체로 오전에는 창의적 체험활동 시간으로 하고, 오후에는 학년별로 날을 다르게 해서 진안읍내 수영체험을 한다. 체험활동은 '생활문화 체험'을 주제로 도자기, 리본공예, 아동요리, 생활공예, 바느질, 목공, 과학상자, 컴퓨터, 나무집 만들기 등으로 진행한다. 프로그램은 무조건 정해놓고 하는 것이 아니라 아이들의 만족도, 학교의 형편을 고려해서 편성한다. 다른 계절학교와 마찬가지로 무학년제로 운영하며, 아이들은 스스로 자신이 선택한 프로그램을 집중해서 체험할 수 있다. 배움을 즐기고 스스로 하는 힘을 기르기 위해 아이들의 선택을 존중하는 것이다. 더불어 지역에 사는 재능 있는 분들을 많이 초빙함으로써 지역과 연계, 운영한다. 리본공예, 생활공예, 바느질 등은 학부모와 교사가 함께 협의하여 운영하기도 한다.

여름계절학교 / 장승초 6학년 신하경

8시 50분 정도에 미리 와서 블록 같은 걸 조립하고 있었다. 애들은 왔다 갔다 하고 있다가 다 가고, 20분에 샘이 딱 맞춰 오셨다. 어제는 샘이 다섯 분이었는데 오늘은 샘이 세 분밖에 없었다. 아무튼 수업을 시작하는데, 오늘은 '고녀석 맛나겠다' 인형을 안 가져오셨다. 어쨌든 인형을 다 꿰매서 인형 옷을 만들었다. 큰 네모를 반 접고 양 옆을 꿰맸다. 그 다음 위를 꿰매고 선을 따라 꿰매고 샘이 잘라주었다. 그걸 뒤집으니 얼추 바지 모양이 나왔다. 그리고 작은 건 노랑색 천을 4등분해서 붙였다. 다 붙이고 나서 얼굴을 만들었다. 수염을 만들고 나서 눈이랑 코랑 입을 하고 샘이 수염을 해주었다. 그리고 샘이 볼터치할 색연필을 줬는데 빨강, 주황이었다. 물을 조금 묻혀서 색칠을 했다. 빨강으로 볼, 주황으로 눈, 빨강으로 입과 귀를 칠했다. 완전 떡칠이 됐다. 샘이 색은 떨어진다고 하셨는데 걱정된다. 아무튼 끝났다. (2013. 7. 26)

이 아이가 했던 프로그램은 학부모 바느질 모임 엄마들이 참여해서 진행한 것이었다. 엄마들이 날마다 참여할 수 없을 때는 서로 돌아가면서 아이들과 함께 프로그램을 한다. 프로그램에 참여한 아이들과 엄마들의 만족도는 아주 높은 편이다. 마지막 날에는 아이들이 계절학교를 했던 과정을 글쓰기로 남긴다. 그리고 아이들이 만든 작품들은 학교에서 간단한 전시회를 열고, 이야기를 나눈다.

지금도 특별한 기억으로 남아 있는 것은 2011학년도에 지역에서 활동하는 목수들과 함께 나무집을 지은 것이다. 그때 아이들과 함께 나무집을 지었던 목수 장승현 씨는 "내가 학교를 다닐 때는 공고나 상고 등 대학을 가지 않아도 되는 학교들이 있었다. 그러나 지금은 모든 학교들이 대학을 가야 하는 구조로 되어 있다. 참 슬픈 현실이다. 이런 현실을 그저 좇아가서는 결코 올바른 교육이 될 수 없다. 지난번에 홈스쿨링을 하는 중학생 또래 아이들과 함께 이틀 동안 생태화장실을 지어본 것도 새로운 대안 교육 차원에서 시도를 해본 것이다. 이번에 장승초등학교 아이들과 함께 집짓기를 하면서 이런 나의 꿈을 펼쳐 나갈 수 있어서 참으로 즐거웠다.”고 말했다. 아이들은 이렇게 지역 어른들과 함께 새로운 시도를 하면서 자라기도 한다.

7월이 되면 세동천 냇가에 사람들이 많이 놀러온다. 무엇보다 개천이 너무 크지 않고, 위험하지 않아서 좋다. 물이 깊지는 않지만 농사철에 쓰기 위해 만든 윗마을 큰 저수지에서 깨끗한 물이 꾸준히 내려오니 물 양이 적은 편은 아니다. 여름철에는 용마봉에 숲이 많이 우거져서 웬만해서는 올라가기가 어렵다. 그래서 여름에는 두 주일에 한 번 정도 체육시간에 세동천 냇가에서 아이들과 물놀이를 한다. 아이들은 체육시간만으로는 부족한지 쉬는 시간(묶음수업이라 쉬는 시간이 30분이다)에도 냇가에 가서 물놀이를 한다. 학교에서는 옷이 젖은 아이들을 위해 세탁기를 준비해둔다.

주말이면 부모들은 마치 약속이나 한 듯 아이들과 함께 도시락과 간식을 준비해 학교로 놀러온다. 장맛비가 지난 뒤에는 자칫 아이들이 다치지 않도록 개천 바닥의 어수선한 돌들을 정리하기도 한다. 또 물이 너무 얕은 곳은 아이들이 놀 수 있도록 돌을 쌓아 물을 막아주기도 한다. 아이들은 이렇게 정리된 개천에서 놀기도 하고, 운동장에서 축구를 하거나 나무그늘 아래서 쉬기도 한다. 어른들도 아이들과 함께 놀거나 나무그늘 아래서 이야기를 나누며 피서를 즐긴다. 학교가 아이들에게도, 어른들에게도 놀이터가 되는 셈이다.

대부분 학교가 그렇지만 여름방학 기간에는 겨울방학과 마찬가지로 돌봄교실과 방과 후 프로그램을 두 주일 정도 운영한다. 프로그램은 학부모와 학생들의 설문이나 희망에 따라, 그리고 학교 예산 형편을 살펴서 운영한다. 시골학교는 도시학교와 달리 학부모에게 거의 돈을 걷지 않고 대부분 학교 예산으로 프로그램을 운영하는 편이다. 하지만 예전보다 예산이 많이 줄어서 방학 프로그램 운영에 어려움을 겪기도 한다.

장승학교는 2013년 여름, 임실 대리초등학교와 함께 1박 2일 연수를 개최함으로써 작은학교교육연대 회원학교가 되었다. 남한산초, 삼우초, 거산초에서 시작한 작은학교교육연대에 참여한 까닭은 장승학교의 지속성을 함께 고민하기 위해서였다.

교장선생님을 포함한 모든 교사들이 여름에는 1박 2일, 겨울에는 2박 3일 연수에 참가한다. 다른 학교는 어떻게 하고 있는지 사례를 듣기도 하고, 우리 학교 구성원들이 고민하는 지점에 대해 다른 회원학교 구성원들과 이야기를 나누면서 깊이를 더할 수 있어서 참 좋다. 또 우리 식구들끼리 밤늦게까지 깊은 이야기를 나누기도 한다. 작은학교교육연대는 우리 학교만의 빛깔을 찾는 데 큰 힘이 되고 있다.

학교가 돌아왔다

● ● 지리산 종주로 가을 열기

기다림 / 권보후(장승초 3학년)
지리산 간 애들이
언제 올까?

오늘 하루만 기다리면
애들이 온다.

몇 시간만 기다리면
애들이 온다.

무엇을 하면서
시간을 보낼까?

몇 분만 더 있으면
애들이 온다.

애들이 도착했다.
이제는 안 기다려도 되겠다.
(2013. 9. 17)

다른 아이들은 다 지리산에 갔는데, 혼자 남아서 기다리는 마음은 어떨까? 지금은 많이 좋아지기는 했지만 보후는 아토피 때문에 함께 가지 못했다. 이 시에는 친구들을 기다리는 보후의 마음이 온전히 잘 나타나 있다.

장승학교에는 아이들과 함께 걷는 활동이 참 많은 편이다. 걷기를 좋아하건 좋아하지 않건 간에 한 해에 네 번(고원길 걷기 세 번, 지리산둘레길 걷기 또는 종주)은 꼭 걸어야 한다. 1학기가 되면 고원길 걷기와 용마봉 오르기를 한다. 그리고 2학기 개학을 하자마자 4학년부터 6학년까지는 지리산 종주를 하고, 1학년부터 3학년까지는 지리산둘레길을 걷는다. 동물원이나 놀이공원에 가는 소풍 대신 아이들과 교사들이 어울려 걷는다. 이렇게 걷는 활동이 많은 까닭은 두런두런 이야기도 나누고, 좋은 자연환경을 보고 들으면서 감성을 키우고자 하는 것이다. '스스로 서는 학교' 철학의 활동 가운데 하나다.

지리산 등반은 2011학년도부터 하고 있는데, 다녀온 아이들은 '너무 힘들어서 다시는 안 가겠다.'고 말하지만 정작 때가 다가오면 지리산 등반을 기다리고는 한다. 2011년과 2014년에는 1박 2일로 백무동부터 장터목, 천왕봉을 올랐고, 2012년과 2013년에는 35킬로미터가 넘는 지리산을 종주했다. 지금은 여러 명의 장승학교 졸업생들이 함께 참여해서 후배들을 돕는 전통을 만들어가고 있다.

2박 3일의 지리산 산행을 마친 아이들은 힘든 과정을 겪고 이겨내면서 마음이 크는 것을 느낄 수 있다. 2013년에 졸업한 산들이의 지리산 종주 이야기를 보면 아이들이 어떤 마음으로 지리산을 걸었는지 알 수 있다.

학교가 돌아왔다

지리산 종주 / 장승초 6학년 강산들

버스가 출발했다. 정효가 가져온 엠피4를 들으면서 갔다. 밖을 보니 어딘지 잘
모르겠다. 아무튼 기사님이 잘 가실 거라 믿고 잡담이나 하고 있으니 시간이 꽤
된 것 같다. 왠지 슬슬 고개로 올라가는 것 같았다. 명선이 손전화의 뽀로로
1기 노래를 들으면서 갔다. 약간 어질어질하려고 했다. 거의 다 온 것 같았는데,
20분이나 지나서야 도착했다.

아침 11:30. 성삼재다. 안개가 쫙 깔려서 살짝 춥지만 상쾌했다. 시야가
짧아져서 기분이 안 좋았지만 차 안보다 훨씬 공기가 좋아서 괜찮았다. 김밥
두 줄을 엄청난 속도로 해치우고 노고단을 향해 첫 산행을 했다. 처음에는
물론 쉬웠다. 이 정도로 계속 가면 좋겠는데 점점 오르막길이 되어간다. 작년에
비해서는 아무것도 아니라면서 계속 올라가다 보니까 공포의 계단과 산길이
짝짜꿍하고 있다. 이때가 고난의 시작인 것 같다. 어쨌든 아직은 체력이
충분하니 계속 올라갔다. 길이 점점 구불구불해지고, 작아지고, 오르막길이
되어서 20분쯤 더 올라가다 보니까 노고단 대피소인 것 같다. 그런데 주환이를
믿고 물통을 맡겼는데 잃어버려서 물을 못 뜨게 생겼다. 물병을 빌려 물을 떠
마시고 나서 쉬었다가 다시 출발했다. 우리가 약간 빨리 와서 많이 기다렸다.
어딘지도 모르고, 얼마나 왔는지도 모르고 계속 걸어가기만 했다. 중간 중간에
있는 표지판을 보면 한참 온 것 같은데도 한참이 남았다. "여기서 노숙해야 될
것 같아." 하고 농담을 하면서 오다 보니 오르막길이다. 벌써 다리가 아프기
시작한다. 언젠가 도착할 것이라는 믿음을 갖고 마구 올라갔다. 또 내리막길이
나온다. 우후~. 막 뛰어서 내려가다 보니 다리가 엄청나게 쑤신다. 앞에 먼저
간 태훈이는 얼마나 갔을까 궁금하다. 물론 우리도 엄청나게 빨리 갔다. 6학년
남자애들이 먼저 가기는 했는데, 도착은 늦게 했다.

힘들지 않다고 하는 사람이 없을 정도로 오래 걸렸다. 슬슬 어두워지기
시작했다. 기다렸다가 앞에 먼저 가는 사람이 있으면 순간이동을 할까 하는
생각도 했고, 로켓을 타고 갈까 하는 생각도 했고, 날아서 갔으면 좋겠다는
생각도 했다. 그러다 보니 거의 도착한 것 같았다. 엄청 어두워졌다.

이제 건물이 보였다. "거의 다 왔다." 하고 뒤로 소리를 지르니 뒤에서도 막
소리를 질러댔다. 기분이 좋아서 막 뛰어갔다. 뛰어가다 보니 연하천 대피소와
태훈이가 보였다. 이상한 표정으로 좋아하는데, 약간 웃겼다. 무시하고 밥과
된장찌개를 하려고 보니 버너랑 가스를 갖고 있는 애들이 아직 뒤에 있다. 아악
젠장! 할 수 없이 기다렸다. 근데 아무리 오래 기다려도 아무도 오지 않았다.
슬슬 진기가 나타났지만 나머지 약골들은 아직도 안 왔다. 동오는 태훈이랑
같이 아까 와 있다. 아직도 밥할 재료가 갖춰지지 않았다. 먼저 준비를 하고
있으려고 쌀하고 코펠을 꺼내니 관리하시는 분께서 쌀을 씻어주신다.
믿기지 않을 정도로 많은 시간을 기다렸다. 애들이 아주 찬찬히 오는 게
보였다. 뛰어가서 버너랑 가스만 가져와서 밥을 후딱 지었다. 아주 팔팔 끓어서
10분쯤 뒀다가 뚜껑을 열어보니 아직 안 익었다. 근데 밑은 타서 어떻게 할
수가 없었다. 굶을 수는 없어서 그냥 대충 볶은 다음 고추참치를 반찬으로
정근우 샘하고 먹었다.
물티슈로 설거지를 대충 하고 짐을 풀고 놀았다. 짐 정리를 좀 하고 나가려니까
나가지 말라고 한다. 안에서 이불 깔고 있으려니까 태규가 내 자리를 자기
자리라 우겨서 혼났다. 물론 결국 내 자리로 판정이 났다.
벌써 어두워져서 육포를 먹으면서 누워 있었다. 근데 선생님들이 들어오실 때
정효 바로 옆에 정근우 샘이 계셔서 아무것도 할 수가 없었다. 옆에서 태규가
엠피4 들으면서 노래를 흥얼거리는데 완전 웃겼다. 정하진네 아빠가 뭐라
하시는데, 말 막고 흥얼거리니까 완전 웃겼다. 목소리가 더 웃겼다. 태규한테는
미안하지만 진짜 웃겼다. 결국 아주 불편하게 수면을 청했다.
다음 날 아침이 밝았다. 3분카레에다 밥을 비벼 먹었다. 무슨 맛인지 모르겠다.
그냥 생각 없이 치우고 짐을 챙겨 하룻밤을 지낸 연하천 대피소를 떠났다.
벽소령대피소를 거쳐 선비샘에서 점심을 먹는다고 하고 출발했다. 가다가
신하경네 아빠가 여자애들 먼저 보내고 우린 뒤에 가라고 한다.
여자애들은 12시에 도착해야 하는데 뻥 안 치고 한 3시에나 도착할 만큼
느리게, 0.5km/h의 속도로 간다. 좀 짜증이 났지만 그냥 갔다. 그렇게 좀

34

학교가 돌아왔다

가다 보니 자연스럽게 우리가 몇몇 여자애들 앞에 가게 되었다. 쉬는 샘이
있어서 초콜릿을 좀 먹고 함께 쉬다가 바로 출발했다.

이제부터 돌길이 많아서 다리가 더 아픈 것 같았다. 미친 듯 뜀박질 후 선비샘에
도착했다. 우리 조와 뒤에 오는 사람들을 위해 라면 끓일 물을 뜨러 가니 샘이
작아서 그런지 줄이 엄청 길었다. 다른 사람들도 거의 다 라면이었다.

천천히 뒤에 온 사람들도 라면을 먹었다. 밥을 조금 해서 제일 고생하시는
교장선생님이랑 정근우 선생님이랑 실컷 먹고, 설거지도 했다. 그런데 떠나려고
하니까 다른 조들이 아직 준비가 안 돼서 한참을 기다려야 했다.

잡담을 하면서 한참 기다리다 떠났는데, 가다 보니 뭔가 허전했다. 점퍼를 놓고
왔다. 쌩하고 달려가서 챙겨왔다. 뒤에 처지면 약한 뼈를 가진, 약한 체력을
가진 사람들에 막혀서 앞으로 가지 못하니까 좀 빨리 가야 했다. 그리고 우리가
코펠이랑 가스랑 버너랑 다 가지고 있으니 먼저 가서 밥을 하라고 했다. 그러나
장터목은 금방 안 나타났다.

선비샘에서 출발해서 처음에는 쉬운 길이었는데, 곧 누구의 근육처럼
올통볼통해지기 시작했다. 이제 산을 오르는 게 힘들기보다는 지겨웠고,
다리에 감각이 없었다. 그렇게 몇 시간 동안 생각 없이, 감각 없이 촛대봉까지
갔다. 거기서 어제 만났던 잘생긴 아저씨를 만나 같이 갔다. 승일이랑 태훈이는
먼저 가고 정효랑 같이 갔는데, 두 고개를 넘고 나니 장터목이 보이기
시작했지만 길은 여전히 멀었다. 눈앞에 있는 것 같은데 800미터나 남았다는
것이다. 내 경험으로 보건대 산길 800미터는 결코 짧진 않은 거리다.

이제 온몸이 풀렸다. 영화에서 보듯이 앞이 안 보이는 것 같았다. 눈꺼풀을
지탱할 힘도 없는 그런 느낌이었다. 마치 앉지 못해 걷는 것 같았다.

그러다 보니 그렇게 멀었던, 20킬로미터는 되어 보이던 장터목에 다 왔다.
감격은 둘째 치고 빨리 뛰어가서 드러눕고 싶었지만 그럴 곳도 없었다. 있는
돈을 다 털어서 에이스를 사먹고, 물도 얻어먹으니 좀 살 것 같았다.

그리고 김치찌개를 해먹었다. 물 뜨는 데가 멀어서 완전 힘들었다. 게다가
김치찌개는 맛도 없고, 애들이 다 도망가서 나 혼자 치우는데 완전 죽을 것

같았다. 저놈들을 다 잡아 족치고 싶었다. 진짜 먼저 나서는 사람만 고통 받는
사회다. 조그마한 학교에서도 다 자기 욕심만 챙기고 이기적이게 행동한다.
어른들이 사회에 모범을 보이지 못한다는 얘기가 왜 나왔는지 모르겠다. 그때
생각을 하니 그런가 보다. 기분이 참 별로였다. 아무튼 천왕봉을 위해 푹 잤다.
새벽에 승준이가 코를 골아서 일찍 일어나긴 했어도 꽤 잘 자고 일어났다.
드디어 천왕봉을 간다. 킹콩이 이번엔 우리가 안 떠들고 잘 잤다고 했다.
근데 보니까 헤드랜턴이 없어졌다. 왠지 천왕봉 올라가는 길이 작년보다 훨씬
어려웠다. 돌길이 훨씬 많은 느낌이었고, 말을 하면 더 힘들어서 모두들 한
마디도 안 하면서 갔다. 지리산을 올라가면서 감각이 없었던 적이 한두 번이
아니었던 것 같다. 다리가 아픈 게 아니라 감각이 없었다.
구름에 싸인 천왕봉이 보였다. 거의 도착한 것이다. 10분 후에 보니 내가
천왕봉 꼭대기에 올라가 있었다. 운해(雲海)가 진짜 '레알' 끝내줬다. 바다라는
말이 왜 붙었는지 실감이 났다. 구름이 안 올라와서 일출도 끝내주게 봤다.
나중에 알아보니 우리가 엄청 운이 좋아서 10년에 한 번 볼까 말까 한 운해와
일출을 본 것이라고 한다. 하늘이 우리가 애쓴 걸 알고 특별 보너스를 줬나
보다. 기분이 끝내줬다.
춥지만 사진을 찍고 내려가기 시작했다. 쭉쭉 내려가졌다. 한 10분 만에
장터목에 도착한 느낌이다. 그런데 도착해서 아침을 하려고 보니 가스와
버너 가진 애들이 아직 도착하려면 멀었단다. 그애들이 내려오려면 20분은
걸린다는데 30분 후에 출발한다고 하니까 밥도 포기하고 싶었다. 갖고 있던
김을 다 나눠줘 버리고 물배나 채우려고 했는데 선생님들이 같이 먹자고
하시면서 버너랑 빌려주어서 겨우 밥을 먹게 되었다.
그런데 승준이가 내 숟가락을 자기 거라고 우기고 진기가 다 먹고도 비켜주지를
않아서 나는 거의 못 먹었다. 다행히 나중에 선생님들이 배려해주셔서 조금
먹었다. 솔직히 일 안 한 애들만 잘 먹고, 조장은 제일 고생을 하면서도 제일 못
먹는 것 같다. 정효도 그랬다.
설거지는 어차피 학교에 가서 또 해야 하니까 대충 하고 코펠을 정리하는데

학교가 돌아왔다

이상하게도 짝이 안 맞고 부족했다. 알고 보니 진기가 자기가 먹은 걸 설거지도 안 하고 그냥 갖고 있어서 우리가 해줬다.

짐을 싹 챙겨서 내려가기 시작했는데, 갑자기 내려가려니까 다리가 많이 아프다. 내리막길이지만 달려 내려갈 수 없을 정도로 가파르다. 게다가 돌길이라 삐기도 쉽고 해서 조금 천천히 내려갔다. 너무 힘들고 길어서 다리가 엄청 아팠다. 내려가는 길에 사람을 300명은 만난 것 같다. 진안중앙초 학생들도 만났고, 군인들도 엄청 많이 줄줄이 올라왔다. 다들 우리보고 대단하단다. 생각해보면 대단하긴 대단하다.

어쨌든 고생 끝에 다 내려와 화장실에 갔다가 족욕탕인가 하는 곳에서 놀았다. 그리고 뷔페에서 밥을 먹고 학교로 돌아왔다. 뭔가 보람은 있지만 월요일에는 학교에 못 갈 것 같은 예감이 들었다.(2012. 9. 10)

어른도 힘든 종주를 멋지게 해내는 아이들이 참 자랑스럽다. 자칫 위험할 수도 있는 지리산 종주를 우리 아이들은 졸업할 때까지 세 번 경험한다. 주변에서 우리를 보고 '산악학교냐?' 하며 비아냥대는 사람도 있고, '사고 나면 어쩌려고 그러냐?'며 걱정하는 사람도 있지만, 우리는 분명한 '장승 철학'에 따른 활동이므로 크게 개의치 않는다. 물론 사고가 나지 않도록 철저한 사전 준비를 하는 것은 당연하다.

10월 말이 되면 우리 논에서 직접 가을걷이를 한다. 봄에 심은 모가 자라 400평의 논이 갈색 물결을 이룬다. 우렁이농법이라 수확량은 그리 많지 않지만, 그래도 참 귀한 쌀이다. 고학년 아이들은 낫을 들고 직접 가을걷이를 한다. 미리 낫질을 어떻게 해야 할지 교육을 하고, 안전에 신경을 쓰도록 가르친다. 정성을 들여 귀하게 키운 벼이기에 아이들도 낙곡이 많이 생기지 않도록 차곡차곡 쌓기 위해 노력한다.

전부 낫으로 베는 것도 좋지만 어차피 탈곡을 하려면 콤바인을 따로 불러야 하므로 반 정도만 낫으로 베고, 나머지는 콤바인으로 수확한다. 이렇게 수확한 벼는 가을 햇볕에 바싹 말린다. 쌀이 잘 마르도록 뒤집어주는 일은 행정실 주사님이 도맡아 해주신다. 사실 한 해 동안 짓는 벼농사나 텃밭농사의 많은 부분을 주사님이 도와주신다. 아무리 좋은 것을 하고 싶어도 여건이 되지 않으면 할 수 없다. 이렇게 마음을 써주시는 분들이 있기에 이런 수확의 기쁨을 누릴 수 있다. 장승의 좋은 점은 너나 할 것 없이 모두가 마음을 모으는 것이다. 이런 게 바로 교육공동체가 아닐까?

가을걷이가 끝나면 가을계절학교가 열린다. 가을계절학교는 공연 위주의 프로그램으로 구성하는데 난타, 연극, 영화, 그림자극, 음악줄넘기 등이다. 교사와 학부모들은 학예발표회를 위해 반별로 또는 아이들의 기능별로 수업을 변경해서 연습을 하는 경우가 참 많다. 무대 공연을 하려면 어느 정도 연습이 되어야 하기 때문에 교사들도 나름 스트레스를 받는다.

장승에서는 이런 좋지 않은 점을 없애기 위해 창의적 체험활동 시간으로 편성했다. 그리고 무학년제로 아이들의 희망을 받아 월요일부터 금요일까지 5일 동안 오전에 연습을 한다. 아이들은 스스로 선택한 것이니까 재미나게 참여할 수 있고, 그만큼 만족도도 높은 편이다. 이렇게 연습한 공연들을 '장승 아이들의 가을이야기'라는 이름으로 금요일 오후에 발표한다. 진짜 무대

학교가 돌아왔다

에서는 어디에 서야 하는지, 오르고 내리는 것은 어떻게 하는지 외에는 따로 연습하지 않고 있는 그대로 바로 발표를 한다.

'장승 아이들의 가을이야기'가 열리는 날은 학부모들도, 아이들도, 교사들도 잔칫날이다. 학교에서는 떡을 준비하고, 학부모회에서는 아이들 먹을거리를 준비한다. 사회자는 학생 다모임에서 아이들 스스로 정한다.

따로 무대에서 연습을 하지 않았지만 아이들은 평소 배우고 익힌 대로 멋지게 공연을 한다. 깜짝 무대로 교사들도 공연을 준비한다. 지난해에는 노래를 개사해서 불렀는데, 우리 학교의 이야기들을 담아서 많은 공감을 얻었다. 이렇게 아이들과 교사, 학부모들이 어우러지면서 가을이 깊어간다.

●● 추위도 아랑곳하지 하지 않는 따스한 학교

눈 / 박종우(장승초 3학년)
눈은 차갑다.
우리가 교실에 들어가면 눈이 많이 오고
나오면 눈이 그친다.
작은 눈을 먹으면 1초도 안 돼서 녹는다.
(2013. 11. 18)

북녘에 개마고원이 있다면 남녘에는 진안고원이 있다. 고원지대라 눈이 많이 내린다. 어떤 해에는 11월 초에 눈이 오기도 하고, 4월에도 내린다. 어른들이야 눈 내리는 것이 걱정스러울 수 있겠지만 아이들에게 눈이 많은 진안은 신나는 곳이다.

눈 내린 장승학교를 바라보면 소복이 쌓인 눈과 어울려 참 예쁜 펜션이

학교가 돌아왔다

떠오른다. 보면 볼수록 '참 예쁘게 잘 지었구나.' 하는 생각이 들 때면 마음이 뿌듯하다.

학교에 오자마자 아이들은 눈 내린 운동장에서 축구를 하기도 하고, 눈사람을 만들기도 한다. 그리고 한 가지, 눈 쌓인 겨울 장승에 꼭 있어야 할 필수 준비물이 있다. 눈썰매다. 눈이 내리는 날은 어김없이 눈썰매를 가지고 등교를 한다. 학교 옆 용마봉 능선에 심어진 꽃잔디 위에 눈이 덮이면 눈썰매를 타기에 딱 좋다. 꽃잔디 위에서 눈썰매를 타면 꽃잔디가 죽을 수 있으니 타지 말라고 말리는 어른이 있을 법도 한데 교직원 어느 누구도 아이들을 말리는 법이 없다. 마땅히 그곳이 아이들이 눈썰매를 타기에 딱 알맞은 곳이기 때문이다.

아이들은 너나없이 그곳에 올라가 신나게 눈썰매를 탄다. 한참을 신나게 타고 놀다가 1묶음 시작종이 울리면 교실로 들어간다. 교실로 들어가면 또 한 가지 장승의 좋은 점이 기다리고 있다. 따뜻한 교실 바닥이다. 바닥의 온기가 있으니 교실이 훈훈한 느낌을 주어서 좋다. 쉬는 시간이면 바닥에 끼리끼리 둘러앉아 공기놀이도 하고, 오순도순 이야기꽃도 피운다. 우리가 처음 생각했던 '방 같은 교실'이 바로 이것이다.

겨울에는 2학기말 평가와 겨울계절학교 그리고 방학이 있다. 장승학교의 평가는 1학기말 평가와 같은 방식으로 이뤄진다.

12월 둘째 주가 되면 여름과 가을과 마찬가지로 겨울계절학교가 열린다. 이틀간 진행되는 겨울계절학교는 스케이트와 스키 가운데 골라서 실시한다. 스케이트는 전주 빙상경기장을 이용하고, 스키는 무주리조트를 이용한다. 가까운 곳에 스키장이 있어서 그런지 진안에 있는 대부분의 학교가 스키 캠프를 한다.

겨울계절학교 / 장승초 6학년 천선혜

나는 추운 걸 싫어하는 편이다. 그래서 딱 한 번 주변 사람들 때문에 스키를 타보았다. 그런데 의외로 재미있어서 추운 게 별로 느껴지지 않았다. 하지만 다칠까 봐 긴장이 되었다.

드디어 빨리 오고 싶었던 무주에 도착했는데, 벌써부터 차가운 바람이 내 몸을 점점 감싸는 것 같았다. 하지만 만반의 준비를 하여서 걱정과 달리 그렇게 춥지는 않았다. 수면양말과 옷도 두 겹이었고, 점퍼와 바지도 두꺼운 걸로 준비했다. 오히려 조금 더울 정도였다. 그만큼 나는 추운 게 정말 싫었다. 겨울에는 눈사람 만드는 것 빼고는 다 싫었다.

아무튼 얼른 준비해서 스키장에 갔다. 잘 타는 사람들은 제일 높은 곳에서 멋이란 멋을 다 부리면서 진짜 멋지게 탔다. 정말 아마추어가 아닌 것 같다. 나도 거기까지는 아니지만 꼭 리프트를 타고 올라가 조금이라도 겨울을 느끼면서 타보고 싶었다.

아이들 중에도 벌써 잘 타는 아이들이 있었다. 리프트를 타고 올라가 재밌게 스키를 탔다는 아이들이 정말 부러웠다. (중간생략)

자꾸 움직이다 보니까 추운 것도 적응이 된다. 간신히 A자를 완성했다. 선생님이 A자와 넘어지면 일어나는 것만 알면 리프트를 타고 올라가서 스키를 타도 된다고 하셨다. 하지만 리프트를 타려는 사람들이 너무 많아서 타지 못했다. 많이 아쉽지만 그래도 강습도 받고 좋은 추억도 만들었다.
(2013. 12. 13)

학교가 돌아왔다

아이들이 스키든 스케이트든 한 가지 정도 겨울 스포츠를 할 수 있으면 좋겠다. 어린 시절에는 금세 배울 수 있고, 더 많이 배울 수 있다. 이렇게 익힌 겨울 스포츠를 어른이 되어서도 즐길 수 있다면 얼마나 좋겠는가.

11월에는 장승학교 신입생을 모집한다. 둘레로 이사를 온 아이들이 많기는 하지만 아직도 전주에서 통학 차량으로 다니는 아이들이 40명 정도 되기 때문에 해마다 아이들이 졸업을 하고 나면 그만큼의 아이들을 신입생으로 받는다. 초·중등교육법시행령 제18조에는 "아동의 보호자가 부득이한 사유로 인하여 지정된 학교 외의 초등학교에 그 아동을 입학시키고자 할 때에는 입학할 학교의 장의 승낙을 받아야 한다."고 명시되어 있다. 즉 부득이한 사

유인지 아닌지에 대한 판단은 학교의 장이 하도록 되어 있다. 따라서 입학원서에 아이를 장승학교에 보내려고 하는 까닭을 적고, 학부모에 대한 심층상담을 거쳐 입학을 허락한다. 통학거리가 너무 멀거나 오고자 하는 까닭이 또렷하지 않을 때는 부득이 집 둘레의 학교를 가도록 권한다.

겨울방학이 되면 장승 아이들은 심심해진다. 며칠은 늦잠도 잘 수 있고, 편하고 좋지만 날이 갈수록 오히려 학교에 가고 싶어 하는 아이들이 많다. 방학 중 '돌봄교실'과 '방과 후 프로그램'이 두 주일 정도 열리기는 하지만 한정된 학교의 예산으로는 많은 프로그램을 하기 어렵다.

방학이 끝나면 장승 아이들의 특별한 졸업식이 기다린다. 한 해 동안 학교에서 주는 상이 전혀 없기 때문에 졸업식 날이 되어서야 아이들은 처음으로 교장선생님께 상을 받는다. 보통 학교에서 학교장상은 한 아이에게만 주지만 장승은 졸업하는 모든 아이들에게 학교장상을 준다. 그리고 PPT로 자신의 꿈을 발표하도록 한다.

이렇게 아이들은 장승에서의 사계절을 몸과 마음으로 흠뻑 느끼며 장승학교를 졸업한다. 동생들은 "중학교 가서도 잘 지내고 우리 잊지 마." "공부 잘 하고, 장승 출신임을 자랑스럽게 생각하고 잊지 않았으면 좋겠어." 등의 인사를 건넨다. 장승 출신임을 자랑스럽게 생각할 수 있다는 것, 그것은 어쩌면 우리 교사들이 아이들에게 해줄 수 있는 선물이 아닐까?

졸업식 날 아침, 졸업생 학부모들은 조금 일찍 학교로 온다. 재학생 학부모들과 교사들은 집집마다 한 가지씩 음식을 마련해서 소박한 점심상을 준비한다. 돈을 걷거나 따로 식당에 가지 않고, 학교에서 졸업생들과 학부모들 그리고 교사들이 둘러앉아 준비한 음식을 나누며 이야기를 나누는 자리가 참 따뜻하고 좋다. 어쩌면 이런 자리가 일회성으로 끝나는 것이 아니라 재학생 학부모들에게 좋은 전통을 선물한 것이 아닌가 싶다.

졸업한 아이들이 해맑게 웃으며 밝은 얼굴로 가끔 장승학교에 놀러오고는 한다. 밝고 건강하게 자라는 졸업생들의 모습을 보면서 '스스로 서서 서로를 살리자'는 장승의 철학을 다시금 되새겨본다.

얼른 학교에 가고 싶어요
저마다의 뜻, 다른 빛깔로 시작한 학교
작은학교살리기가 통학구 위반이라고요?
왜 '참 삶을 가꾸는' 교육일까?
틀은 우리가 만드는 거죠
우리는 왜 학교를 상상하지 못할까?

2부

지금, 행복한 아이들을
꿈꾸다

● ● 얼른 학교에 가고 싶어요

잠 / 강예림(장승초 6학년)
어제 분명 일찍 자고
꽤 늦게 일어났는데
눈 감고 일분 후에 일어난 것 같다.
요즘은 추워서
더 이불 속으로 들어가고 싶고
더 일어나기 싫은 것 같다.
그래도 학교 갈 생각만 하면
빨리 나가고 싶다.
(2011. 3. 22)

교사로서 가장 큰 바람은 무엇일까? 무엇보다 아이들이 학교에 오는 것을
즐거워하고, 행복해 하는 것이 아닐까? 학교에 오는 아이들의 표정이 밝으면
교사들도 그날 하루가 즐거워진다. 하지만 현실은 그렇지 못하다. 많은 아
이들이 학교를 벗어나 일탈을 시도하고, 학교라는 말에 거부감을 표시한다.
행복하지 않은 학교, 가고 싶지 않은 학교의 미래는 어떤 모습일까? 어떤 미

학교가 돌아왔다

래학자는 결국 학교는 없어질 것이라고 예언하기도 했다.

예림이는 2011년 3월, 6학년이 되어 장승학교로 전학을 온 아이다. 전학을
왔으니 학교나 친구가 어색할 만도 한데 예림이는 아이들과 잘 어울리고 학
교를 좋아했다. 성격도 참 밝고, 웃음이 예쁜 아이였다. 학교에 가고 싶은 아
이, 추운 날 아랫목에 누워 잠을 자다가도 학교 갈 생각을 하면 금세 일어나
는 아이가 바로 예림이였다.

지루한 특기적성 / 박승현(송풍초 6학년)

오늘 특기적성 시간은 정말 짜증나고 졸리고 지루했다. 하기는 싫은데 안 하면
혼난다. 학교는 정말 탈옥도 못하는 감옥이다. 오늘의 특기적성 시간은 마음에
안 든다. 형과 누나들은 노래방 가자고 하는데 나는 다 귀찮고 정말 짜증난다.
학교에 스트레스 해소실이라는 것이 있었으면 좋겠다. 짜증나고 화가 나면
그곳으로 가면 되니까. 특기적성 하기 전에 체육을 해서 힘들고 지쳐서 더 그런
것 같다. 이럴 때는 진짜 이런 생각을 한다. 학교는 감옥, 선생님은 경찰.
(2007. 9. 12)

학교가 존재하는 까닭을 다시금 생각하게 하는 글이다. 오죽했으면 학교
가 감옥이고, 선생님은 경찰이라고 표현했을까? 아이들이 보기에 학교는 그
리 낭만적인 곳이 아니다. 무엇보다 자신이 원하는 공부가 아니라 시간표에
따라 정해진 공부를 해야 하고, 틀에서 벗어나지 않아야 하기 때문에 구속
되는 느낌을 받을 수 있다. 또 생각이 자유로운 아이나 활동력이 많은 아이
들은 교실에 가만히 앉아 있기가 만만치 않다. 그런데 가만히 앉아 있지 않
으면 어느새 그 아이는 ADHD 환자가 되어 약물치료를 권유받기도 한다. 도

시에서는 한 반에 아이들이 많기 때문에 흔히 벌어지는 일이다.

물론 교사로서의 고충도 충분히 이해를 한다. 많은 아이들과 함께 수업을 해야 하는데, 이를 방해하는 아이가 있으면 여간 어려운 일이 아니기 때문이다. 가만히 앉아 있는 아이들 역시 표현을 하지 않을 뿐 스트레스를 받는 것은 똑같을 것이다. 하지만 아이들은 스트레스를 풀 곳이 별로 없다. 그나마 부모님이나 선생님이 아이의 마음을 이해해주고 들어준다면 모를까, 그렇지 않은 아이들은 그냥 마음에 묻어두고 산다.

잘 알다시피 일반 학교의 구조는 아이들이 가만히 있는 꼴을 못 보게 되어 있다. 아이들이 놀고 있으면 왠지 불안해 한다. 수업이 끝나면 놀 시간도 있어야 하는데, 아이들을 방과 후 프로그램으로 돌리는 경우가 많다. 게다가 학교가 끝나면 또 학원을 가야 한다. 어른들만이 아니라 아이들 역시 다람쥐 쳇바퀴 돌 듯 힘든 삶을 살아가는 경우가 적지 않다.

내가 '작은학교운동'을 하게 된 까닭도 아이들에게 아이들의 삶을 돌려주고 싶었기 때문이다. 아이들이 좀 더 자유롭게 자신의 생각을 이야기할 수 있는 학교, 즐겁게 생활하는 학교, 몸과 마음을 키울 수 있는 학교를 만들고 싶었다. 큰 학교보다는 작은 학교에서 학부모와 교사, 아이들이 모두 한 식구처럼 지낼 수 있도록 하고 싶었다.

2010년 11월만 해도 장승초등학교는 전교 3학급 13명, 폐교 예정 학교라는 꼬리표를 달고 있었다. 2011년 2월에 6학년 학생 6명이 졸업하고 나면 신입생 2명을 포함해도 전교생이 9명밖에 되지 않기 때문에 폐교를 할 수밖에

학교가 돌아왔다

없는 상황이라 10년 가까이 시설 투자가 전혀 이루어지지 않았다. 실내 화장실도 없고, 2층으로 올라가는 계단도 건물 바깥 벽 쪽에 있는 아주 낡은 학교였다. 그리고 적은 수의 교사들이 많은 업무를 감당해야 했다.

하지만 자연환경만은 그때도 일품이었다. 오른쪽으로는 용마봉이 있고, 왼쪽으로는 세동천이 흐른다. 봄이면 온갖 귀한 들꽃이 피고, 학교 앞으로는 벚나무가 있어 봄마다 벚꽃이 흐드러지게 핀다. 둘레에는 문화유산과 유적지도 많다.

사실 장승초등학교를 살리자고 했을 때 진안의 분위기는 썩 좋지 않았다. 인구도 얼마 되지 않는데, 면 단위에 초등학교가 하나만 있으면 되지 두 개까지 필요가 있겠느냐는 얘기들이었다. 학생 수가 줄어들어 자연스럽게 사라져야 할 학교를 뭐하러 억지로 살리느냐, 국가 예산 낭비다, 전주에서 가까우니까 교사들이 자기들 편하려고 하는 것 아니냐 따위의 의견과 차갑고 냉담한 분위기도 만만치 않았다. 더욱 안타까웠던 것은 진안의 아이들이 아닌 전주의 아이들을 데려다가 무슨 짓을 하려고 하느냐는 조롱 섞인 말들이었다.

물론 나 역시 아이들이 자신이 살고 있는 지역의 학교를 다니는 게 좋다고 생각한다. 하지만 진안 지역의 초등학교는 지금 현재도 계속 학생 수가 줄어들고 있으며, 이대로 내버려두면 역사와 전통을 자랑하는 수많은 학교들이 존재할 수 없게 될지 모른다. 이렇게 학교가 사라지고 나면, 설사 나중에 사람들이 많이 들어오고 아이들이 늘어나게 되어도 새로 짓기가 만만치 않다.

더 중요한 것은 아이들은 다 같을 수 없다는 것이다. 아이마다 제각각 성향이 다 다르다. 더불어 부모가 추구하는 가치도 다를 것이다. 자유민주주의 국가에서 아이들의 성향과 부모의 가치에 따라 학교를 선택하는 것이 잘못이라면 과연 어떤 자유를 누릴 수 있겠는가? 내 아이를 잘 키우고자 하는 것은 모든 부모의 자연스러운 마음이다. 도시에서 나고 자랐지만 좋은 자연환경에서 키울 수 있는 기회가 있다면 내가 부모라도 그런 선택을 할 것이다.

지역의 분위기는 대체로 경제 논리가 그 어떤 사실보다 우위에 있곤 한다. 거짓말 같겠지만 진안군 전 지역의 초등학생 수는 1,000명도 되지 않는다. 상전면처럼 아예 면에 학교가 없는 곳도 있다. 딱히 그래서인지는 모르겠지만, 상전면은 다른 면에 비해 젊은 사람의 수도 적고 여러 가지로 불편함도 많다고 한다. 뿐만 아니라 지역행사조차 할 만한 곳이 없다고도 한다. 해마다 줄어드는 통계 수치에 비춰보면, 이대로 방치하다가는 20년 안에 진안군에 있는 면 단위 학교가 거의 사라질지도 모를 일이다.

장승학교의 도서관이 있는 자리는 본디 교무실이 있던 자리다. 학교마다 조금씩 다르기는 하겠지만, 일반적으로 그 학교에서 가장 햇볕이 잘 드는 자리에는 교무실과 교장실이 위치하고 있다. 말로는 아이들이 있어야 학교가 존재한다고 하지만, 말과 현실은 이처럼 다르다. 그래서 햇볕 잘 드는 가운데에 자리한 장승학교의 도서관은 더욱 뜻이 깊다.

뿐만 아니라 장승에서는 교실 한 칸 크기의 작은 공간이지만 다락도 만들

학교가 돌아왔다

어져 있다. 그리고 아이들이 숨을 수 있는 공간도 있고, 옹기종기 둘러앉아 함께 책 이야기를 할 수 있는 곳도 있다. 아기자기하게 꾸민 공간과 따스한 온돌바닥은 아이들이 놀러오기에도 딱 좋다.

시골에서 학교는 도시와는 다른 빛깔을 나타낸다. 단순히 아이들이 공부하러 다니는 교육의 장이 아니라 마을의 문화 중심지이자 마을 공동체의 중심 역할을 하는 곳이기도 하다. 마을과 학교는 그래서 따로 생각할 수 없다. 순수하게 학교를 살리고, 지역을 살리고자 하는 바람이 오늘날 혁신학교 운동을 만들어냈듯이 지역 교육의 변화를 추구하고자 하는 바람이 모여 장승초등학교를 살리고자 하는 운동으로 승화된 것이다. 또한 그런 노력들이 모여 '폐교 예정 학교'라는 꼬리표를 뗄 수 있게 만들어준 것이다.

● ● 저마다의 뜻, 다른 빛깔로 시작한 학교

공부 / 정재근(진안중앙초 6학년)
난 공부가 싫다.
그 이유는 귀찮아서다.
공부를 하면
머리가 아파지고
화가 난다.
공부보다 차라리
시 쓰고 체험학습 하는 게
훨씬 낫다.
(2009. 7. 14)

　내가 만일 이오덕 선생님의 가르침을 진작 깨닫고 아이들의 삶을 존중하면서 놀이와 일과 공부가 하나라는 것을 실천했다면 나를 만난 아이들이 공부를 싫어했을까? 돌이켜보면 난 그러지 못한 선생이었다. 처음 내가 선생 노릇을 시작하고자 했을 때의 선생은 그냥 선생이 아니었다. 성직자와 같은 좋은 선생이 되고 싶었다. 아이들에게 모든 걸 걸고 싶었다. 하지만 몇 달 만에 나는 무너지고 말았다.

스스로의 무능과 부족함, 자신에 대한 부끄러움 때문에 선생을 그만두고 싶었다. 교직 사회에 대한 회의도 들었다. 내가 생각하는 이상과 현실은 너무나도 달랐다. 니일(A.S. Neil)의 서머힐(Summer Hill) 학교는 아니더라도, 학교라는 공간이 아이들을 억압하고 통제하는 공간은 아니어야 한다고 생각했다. 무엇보다 아이들과 학부모와 교사가 모두 행복한 학교를 꿈꿨지만 현실은 그리 녹록치 않았다.

관리자 중심의 학교 문화, 권위적이고 폐쇄된 구조, 강압적이고 무조건적인 지시가 나를 힘들게 했다. 출근하는 걸음이 점점 무거워지고 마음은 늘 불안했다. 고민을 누군가에게 털어놓고 싶었다. 내가 믿고 의지하던 선배에게 학교를 그만두고 싶다고, 능력이 부족하다고 이야기했다. 그런 내게 선배는 "스스로에 대해 고민하는 선생마저 학교를 그만두면 우리 교직은 누가 책임지냐?" 하고 말해주었다.

고민하는 것만으로는 위안이 될 수 없었지만 그래도 한 번 더 노력해보기로 결심했다. 이런 과정에서 글쓰기를 만나고, 아이들과 학부모를 이해하려고 노력하고 소통하면서 그나마 위로를 받을 수 있었다.

하지만 학부모와 교사, 아이들이 모두 행복한 학교를 만들고 싶은 갈증은 마음으로만 품고 있었을 뿐 풀어내지 못했다. 그러다 2010년 전라북도에서 기적처럼 김승환 교육감이 당선되면서 '작은학교운동'의 싹을 틔울 수 있었던 것이다.

장승초등학교를 함께 시작한 이우주 선생은 내가 믿고 마음을 나누는 후배 가운데 하나다. 그 역시 진안의 한 초등학교에서 나와 함께 근무하면서 교사로서의 본질보다는 일에 치여 사는 모습, 권위가 앞서는 학교 문화 때문에 교직 생활에 대한 회의를 느꼈다고 한다. 군대 가기 전, 처음 근무했던 학교와 달리 바람직하지 못한 문화를 많이 경험하게 되었던 것이다.

그럼에도 이 선생은 그 나름으로 아이들을 중심에 두고 살려고 노력했다. 그 모습을 보고 나는 그에게 작은학교운동을 함께 시작해보자고 제안을 했다. 일주일 동안 고민을 한 그는 선뜻 함께하겠다는 뜻을 전했다. 정말 기쁘고 고마웠다. 혼자 외로이 가는 길이 아니라 함께 갈 사람이 있다는 게 참 든든했다. 장승에 와서 네 해째 함께 근무하면서 힘들고 어려운 일이 많았지만 이우주 선생만의 길과 빛깔을 찾아가는 것 같아 뿌듯하다.

전주교대 교수로 주마다 장승을 찾아 관찰했던 박승배(2011)가 쓴 〈2011년도 전라북도 혁신학교 착근 과정과 확산방안에 관한 질적 연구〉 보고서 인터뷰에서 이우주 선생은 이렇게 밝혔다.

"저는 진안 읍내에 있는 나름 큰 학교에서 이쪽으로 왔는데, 저는 그곳보다 이곳이 훨씬 좋습니다. 후회하지 않아요. 문제는 제가 저 스스로에게 느끼는 감정입니다. 제가 학생들을 좀 더 잘 받아줘야 하는데 그렇지 못하고 있다는 생각이 들 때면, '내가 이 정도밖에 안 되는 교사인가?' 하는 자괴감 내지는 인격의 한계를 느끼니까 미안한 생각이 많이 들어요." (박승배, 2011: 39)

타고난 인격이 훌륭한 교사라면 두말할 나위 없이 좋겠지만, 스스로에게

학교가 돌아왔다

늘 질문을 던지고, 부족함을 채우기 위해 노력하는 교사 역시 훌륭한 교사다. 벌써 여섯 해째 함께 근무하면서 늘 노력하고, 새로운 것을 알아가려고 노력하는 이우주 선생은, 후배지만 나에게 큰 가르침을 주는 스승이나 다름없다.

장수가 고향이고, 초임부터 장수에서 근무했던 이선희 선생은 글쓰기회 벗이기도 하다. 일주일에 한 번씩 전북 글쓰기회에서 만나 아이들의 삶을 가꾸는 글쓰기 공부를 하면서 '참 마음이 곱고 좋은 선생님이구나!' 생각했다. 늘 웃는 얼굴로 아이들 눈높이에서 아이들과 동무처럼 지내는 모습이 좋아서, 무엇보다 새로운 학교를 함께 시작하고 싶어서 장승에 함께 가자고 제안을 했다.

처음에는 워낙 겸손하고 착한 품성이라 오히려 자신의 부족함을 들어 거절을 했지만, 이내 선뜻 좋은 뜻에 함께하겠다고 했다. 지금도 고맙고 대단하게 생각하는 것은 장수가 고향일 뿐 아니라 부모님이 장수에 살고 계신데다, 근무하는 학교 바로 앞이 집이어서 굳이 먼 진안까지 오지 않아도 되는 처지였다는 것이다. 더욱이 시·군간 내신을 한다고 해서 진안으로 갈 수 있는 보장도 없는 형편이었다. 학교의 미래도 결정된 것이 아무것도 없고, 학생 수가 늘어서 6학급이 될지 안 될지도 모르는 데다 곧 폐교를 앞둔 학교에 가겠다고 하니 이 선생을 아끼는 많은 사람들의 반대가 있기도 했다.

이런 과정에서 본인은 얼마나 마음고생이 심했을까 생각해보니 참 미안하고, 고맙다.

"마치 운명처럼 장승초에 온 것 같아요. 막상 와보니 그동안 익숙했던 환경과
많이 달라 좀 낯설기는 했어요. 육체적으로 힘들 것은 각오하고 왔기 때문에
몸이 힘들어서 후회하지는 않았어요. 다만, '장승초 아이들은 모두 사연을
가진 채 이곳에 모여 있다.'는 사실을 제가 너무 늦게 깨달은 탓에, 제가 그동안
교사로서 적절하게 대처하지 못했던 것은 아닌가, 하는 자책감에서 오는
스트레스 뭐 그런 거는 있었어요. (박승배, 2011: 39)

운명처럼 장승에 오게 되었다는 말과 힘들 것을 각오하고 왔다는 말이
울림으로 남는다. 사람은 누구나 자신의 선택을 후회하기도 하고, 만족하
기도 한다. 또 운명처럼 누군가를 만나기도 하고, 헤어지기도 한다. 하지만
대부분 편한 길을 두고 힘든 길을 알면서도 가려고 하지는 않는다. 그래서
더욱 고맙다.

이선희 선생의 오랜 벗으로, 남원에서 근무했던 유미리 선생도 글쓰기회
벗이다. 본인이 근무하던 익숙한 지역을 벗어나 새로운 출발을 한다는 것은
결코 쉬운 결정이 아니다. 그럼에도 유미리 선생은 작은학교살리기와 새로
운 학교문화에 대한 믿음으로 새로운 시작에 흔쾌히 참여했다. 남원에서 진
안까지 먼 거리를 마다하지 않고 주마다 진안에 모여 마음을 나누었다. 만
날 때마다 느낀 것이지만, 유미리 선생은 늘 아이들을 중심에 두고, 아이들
에게 어떤 도움을 줄지 고민하고 있다.

장승초에 온 후로 솔직히 후회한 적도 있어요. 저는 남원에 있다가 이쪽으로

학교가 돌아왔다

왔는데, 남원에 있을 때 환경이 되게 좋았거든요. 제가 닮고 싶은 선생님들이 그곳에 굉장히 많았어요. 제가 품고 싶은 교육철학을 가진 분들이 많았다는 뜻입니다. 또 후배인 저를 인격적으로 존중해주신 분들이고. 그래서 제가 배울 수 있는 기회가 굉장히 많았어요. 남원에서는 책모임(독서토론 모임)이 있어서 참여했었는데, 여기 진안에서는 아직 그런 모임을 몰라요. 제가 알려고 하지 않은 탓도 있지만요. 그래서 힘들다는 느낌이 들 때면 후회 비슷한 감정을 가질 때가 있었어요. 장승초가 싫다는 게 아니라, 과거 남원에서 누릴 수 있었던 것을 누리지 못한다는 사실에서 오는 아쉬움, 뭐 힘들 때는 그런 느낌을 가지기도 한다는 거죠. (박승배, 2011: 39)

사실 유미리 선생은 남원의 학교생활에 만족하고, 근무환경이 좋아서 굳이 장승에 오지 않아도 될 처지였다. 좋은 선배들에게 존중받는 느낌을 받으면서 하고 싶은 공부모임을 했으니 아마도 그곳에 남고 싶은 마음도 컸을 것이다. 어쩌면 장승을 택함으로써 포기한 '기회비용'도 제법 있었을 것이다.

2010년 9월에 발령을 받은 이명근 교장선생님과 장승의 만남은 운명 같은 것이었다. 건강이 썩 좋지 않았음에도 오시자마자 작은학교살리기를 적극 후원하고 지원해주었다. 무엇보다 교육과정을 설계하거나 운영하는 과정에서 교사들을 채근하거나 권위를 내세우지 않고 교사를 믿고, 지지하며, 서서히 만들어 갈 수 있도록 시간을 주고 기다려주었다. 교장선생님의 믿음은 교사들에게 큰 힘이 되었다.

2010년도까지는 3학급이어서 교감선생님이 없었지만 2011년 3월에 6학급으로 늘어나면서 한상윤 교감선생님이 새로 오셨다. 교감선생님은 '아이들은 지금 행복해야 나중에도 행복할 수 있다'고 하는 믿음이 강했다. 무엇이든 억지로 시키지 않고, 아이들이 스스로 할 수 있도록 동기를 부여하고, 아이들을 존중해주었다. 그리고 교사들보다 오히려 더 자유로움을 추구하면서 아이들은 어릴 때 많이 놀도록, 자유롭게 키워야 한다고 늘 말씀하셨다. 이런 마음을 아이들도 아는지 교감선생님을 편하게 생각하고 무척 좋아했다.

우리의 밑바닥에는 편안함이 좀 없어요. 만일 우리 학생들이 이 지역에서 오는 학생들이라면 현재 우리가 하고 있는 일을 똑같이 해도 조금 마음이 편할 겁니다. 그런데 학생들을 외부에서 데려왔으니, 학부모들의 기대가 크고, 더 잘해야 한다는 부담이 있어요. 혁신학교로서 우리 학교가 '찍힌 학교'(주시하는 눈이 많다는 뜻)이다 보니 잘해야 한다는 부담이 크죠. (박승배, 2011: 40)

학생 수가 부족해서 도시에서 학생들을 모집하다 보니 잘해야 한다는 부담도 있고, 걱정도 있었다. 더불어 장승학교를 주시하는 눈들이 많아 부담스럽기도 했다. 우리가 잘못하면 금세 학생이 전학을 가지 않을까 하는 걱정도 했다. 아이들이 우리 학교에 와서 무언가 변화가 있고, 좀 더 발전하는 모습을 보여야 하는데 그러지 못한다고 생각이 들 때는 어렵게 시작한 학교가 이대로 무너지는 건 아닌가 하는 생각에 잠을 못 이룬 적도 있다. 그럼에도 슬기롭게 헤쳐 나갈 수 있었던 것은 선생님들의 열정과 서로를 존중하는 마음 덕분이리라.

이와 더불어 이미 장승초등학교에 근무하고 있던 이승수·김진규·이은지 선생도 장승초등학교 살리기에 적극 동참했다. 이승수 선생은 2011년과 2012년 두 해 동안 장승학교를 위해 열정적으로 근무한 다음 교감으로 승진을 해서 다른 학교로 옮겼다. 이 선생은 선배로서 늘 모범이 되었고, 후배들을 다독이며 해결하기 어려운 부분들을 긁어주었다. 김진규 선생과 이은지 선생은 2010년 9월에 첫 발령을 받은 새내기 교사로, 아이들을 사랑하는 순수한 열정으로 아이들과 가장 가까이에서 친구처럼 함께하였다.

무엇을 하든 마음이 맞아야 제대로 할 수 있다. 그런데 장승학교 살리기는 정말 다행스럽게도 모두가 마음을 하나로 모았으니, 이만큼 이룰 수 있었던 것이다.

나와 다른 사람을 존중하고 맞추면서 살기는 쉽지 않다. 가정에서도 마찬가지다. 처음에는 서로 티격태격하다가 조금씩 양보하면서 맞춰서 살아간다. 그렇게 맞추고 살다 보면 존중하는 마음이 생기고, 이해와 소통도 나눌 수 있다.

학교는 다른 어떤 조직보다도 경직된 곳이다. 그래서 더욱 서로를 존중하고 이해하며 다름의 빛깔을 있는 그대로 인정해주는 것이 어렵다. 옆 반 선생님도 봐야 하고, 선후배 교사와 교감, 교장도 바라봐야 한다. 그래서 교사 나름의 철학을 가지고 뜻을 펼치기가 더더욱 어렵다.

아이든 어른이든 저마다의 빛깔을 인정해주다 보면 점점 본래의 고유한 빛깔을 뽐낼 수 있게 마련이다.

● ● 작은학교살리기가 통학구 위반이라고요?

우리 학교 / 오지훈(장승초 6학년)
우리 학교는
학생 수가 적어도 행복하다.
쉬는 시간 30분
할 수 있는 것은
다 할 수 있다.
산과 나무가 많은 학교
나와 친구들이 나무를 잡고
사이좋게 산을 오른다.
너무나 우리 학교가 좋다.
(2011. 3. 31)

　장승학교의 좋은 점은 여러 가지가 있지만 그 가운데에서도 학교 옆에 있는 용마봉은 특히 장승의 자랑이다. 쉬는 시간이면 아이들은 수시로 산을 찾아 나무에 오르기도 하고, 산길을 걷기도 한다. 숲이 있어서 그만큼 놀거리가 풍성하다. 폐교를 했다면 이렇게 아까운 자연환경은 고스란히 묻히고 말았겠지.

학교가 돌아왔다

2010년 7월부터 '작은학교살리기운동'으로 출발해 차근차근 준비한 끝에 장승학교는 11월 23일에 혁신학교로 지정을 받았다. 전북형 혁신학교는 공모형, 인증형, 지정형 세 가지가 있는데, 장승학교는 지정형으로 지정을 받았다. 지정형은 말 그대로 교육감이 혁신학교 지정이 필요하다고 판단해서 지정하는 것이다. 그런데, 그것을 두고 마치 교육감이 우리 학교에 특혜를 준 것처럼 지방언론이 온통 떠들썩했다.

사설 '혁신학교 선정부터 혼란 빚어서야'

최근 20개 학교를 혁신학교로 선정한 것을 두고 뒷말이 무성한 모양이다.
뚜렷한 기준과 원칙이 없다 보니 자의적인 선정이라는 비판을 듣는다. 사전
내정설 또는 교육감 선거 당시의 지원에 대한 보은 선정이라는 평도 나온다.
2012년 2월 폐교 예정인 진안 장승초는 일찍부터 내정설이 나돌았고, 실제로
혁신학교로 선정됐다. 교육환경이 열악하고 학생 수가 10명도 안 돼 운영마저
어려운 학교가 혁신학교로 선정된 것은 이해하기 어렵다. 또 일부 학교는 전주
쪽 통근거리가 가까워 선정됐다는 지적도 있고, 경쟁관계에 있던 학교 중 특정
학교가 내정됐다는 설이 적중, 반발을 사고 있다. 또 교사 초빙권을 행사할 수
없는 특정 사립고가 선정된 것도 예산을 지원하기 위한 짜맞추기식 선정이라는
비판을 듣는다. (2010. 11. 25 J신문)

혁신학교 지정을 받고 한 주일 내내 거의 모든 지역 신문에 장승초가 사설에 등장할 만큼 큰 이야깃거리가 되었다. 혁신학교 지정이 자의적이라느니, 사전에 내정되었다느니, 선거 보은이라느니 하는 근거도 없는 이야기들을 마치 사실인 것처럼 기사화했다. 작은 학교를 살리기 위한 준비과정이나

교사들의 열정은 철저히 무시됐다. 마치 아무 준비도 되지 않은 학교가 특혜에 의해 혁신학교가 된 것처럼 표현했다. '우리 지방언론의 수준이 이 정도구나.' 하는 생각에 씁쓸하기도 하고, 마치 마녀사냥처럼 몰아가는 지방언론의 행태가 안타깝기도 했다.

혁신학교 통학구 위반 안 될 말
'도의회 교육위 현장 의정활동'
도의회 교육위원회 소속 의원들은 15일 자율학교인 군산 회현중과 혁신학교로 지정된 진안 장승초를 방문, 교육현장의 운영실태 전반을 파악하고 애로사항을 청취했다. …(중략)… 위원들은 혁신학교로 지정된 진안 장승초를 방문한 자리에서 "다른 지역에서 통학하고 있는 42명(전주 27명, 진안15명)은 현행법과 제도적으로 허용되지 않는 위장전입으로 통학구 위반인데도 이를 묵인하는 것은 교육의 근본 질서를 무너뜨릴 수 있다."고 우려를 표시했다. (2011.3.15. W신문)

2011년 3월, 나를 비롯해 여러 선생님들이 새로 장승학교에 온 지 두 주일도 되지 않아 전라북도 교육위원들이 학교를 방문했다. 폐교 예정 학교를 살린 일은 칭찬을 받아 마땅할 일인데, 상황은 그렇지 않았다. 사실 '이처럼 어려운 형편에 정말 애쓴다.'는 말은 기대도 하지 않았다. 하지만 '이런 학교에 너무 많은 예산을 지원하는 것은 형평성에 맞지 않는다.'느니, '통학구 위반을 하고 있는 학생이 몇 명인데, 어떤 안전대책을 세워 놓았느냐. 교육을 하는 사람들이 법을 어기면 안 되지 않느냐.'는 등 정말 어처구니없는 말만 할 때는 내심 화가 날 정도였다.

폐교 예정 학교로 지정된 후 10년 동안 시설투자가 전혀 이루어지지 않던 학교에 시설비를 지원해주는 것이 너무 많은 예산을 주는 것인가? 교실이 부족한 학교에 교실을 지어주는 것이 너무 많은 예산 지원인가?

'위장전입'으로 통학구 위반을 했다는 것도 말이 안 된다. 위장전입은 말 그대로 서울의 8학군처럼 좋은 학군이나 좋은 환경의 학교를 찾아 주소를 옮기는 것에 어울리는 표현이지 폐교를 앞둔 학교에 아이를 전학 보내는 모험을 감행한 학부모와 아이들에게는 전혀 어울리지 않는 표현이다. 이 아이들의 부모들은 아이들과 관련해 이런저런 두려움을 안고 사는 대신 두려움을 떨치고자 노력하는 부모들일 뿐이다.

법을 어긴다고? 과연 법은 누구를 위해 존재하는 것인가? 정말 법이 모든 국민에게 평등하다면, 아이를 작은 학교에 어렵게 보내는 부모들에게 법을 어긴다고 할 수 있는가?

혁신학교 '쏠림현상' 희비 교차

진안 장승초 혁신학교 지정 후 16명 전입……
일반교 '학생 부족 존폐 위기인데…' 속앓이
진안 장승초등학교의 혁신학교 지정을 놓고 이해관계인들이 상호 현격한
시각차를 보이고 있다. 진보된 학업환경을 이유로 일반학교 학생들이
혁신학교로 줄줄이 전학을 가면서 논란은 시작됐다. 일반학교들은 학생 정원
부족으로 존폐 위기에 놓인 상황에서 특정 학교로의 전출을 달가워하지
않고 있다. 이런 기류에는 상대적인 위축과 과잉 교육 열의를 걱정하는 일부
학부모들도 가세했다. (2011. 4. 14. W신문)

진안읍내에서 여러 명의 아이들이 장승학교로 전학을 오다 보니 진안에서도 말이 무성했다. 혁신학교 지정부터 잘못했다고도 하고, 일반학교는 정원 부족으로 어려움에 처해 있는데 장승학교로 전학을 가니 좋아하지 않는다고도 했다. 그러면서 지방언론에서 이를 부추기는 기사가 이어서 나왔다. 그 이후로도 통학구 위반 문제로 언론과 방송에 오르내리고, 일주일 동안 교과부의 특별감사를 받기도 했으니, 구성원들이 겪었을 마음고생이 어땠을까 짐작이 갈 것이다.

하지만 우리는, 우리가 가는 길이 옳은 길이라는 것을 알기에 오히려 그럴 때마다 긍정의 힘으로 마음을 다잡고 더 강해지는 계기가 되었다. 또한 전라북도 교육의 수장인 김승환 교육감이 언론의 행태에 흔들리지 않고 든든한 버팀목이 되어주었기에 더 힘을 낼 수 있었다.

대표적인 농촌 명문학교로 자리 잡은 진안 장승초는 도시 학부모들이 자녀들을 이 학교에 보내기 위해 농촌으로 이사 오는 기현상을 만들어낸 곳. 지난해 장승초 주변에는 1가구가 집을 지어 이사했고, 올해는 진안군이 조성 예정인 생태체험마을단지에 5가구가 임대 신청을 했다. 이 영향으로 지난 2010년 전교생이 13명, 3학급에 불과했던 이 학교는 최근 학생 수가 급증해 6학급으로 늘어났다. 이는 학교 인근 자연환경을 바탕으로 한 특색 있는 교육과정 운영 등이 주효했다는 분석이다. 아이들은 교실 밖의 맑은 공기를 마시며, 지역의 생태와 문화 등 교과목에만 편중된 학습에서 탈피했다. 또한 장승초는 지난해 교실을 증축하면서 다락방, 온돌방 등을 만들어 생태건축을 주도했다. (2013. 2. 3. W신문)

불과 2년도 지나지 않아 장승학교를 비아냥대던 지방언론들이 어느새 태도를 바꿔 농촌의 명문학교로 표현하기 시작했다. 일관성도 없고, 객관성도 담보하지 않은 지방언론의 행태를 보면서 참으로 안타까웠다. 아무리 지방 일간지라지만 최소한의 자존심이나 자부심이 있는지조차 의심스러웠다. 전후 관계는 따지지도 않고 상황에 따라 얼굴을 바꿔버린 것이다.

이렇게 2011년과 2012년의 어려운 고비를 지나면서 장승 식구들은 좀 더 단단한 내공을 쌓게 되었다. 그리고 어려움이 있을 때는 학부모·교사 다모임에서 함께 이야기를 나누고, 해결책을 고민하면서 믿고 의지했다.

장승학교를 함께 준비했던 사람들은 초창기 어려움을 극복하는 데 온 힘을 쏟았고, 2011년 이후에 온 사람들은 학교가 꽃을 피우는 데 힘을 다했다.

군을 제대하고 복직한 정근우 선생은 늘 아이들을 중심에 두고 활동한다. 수업시간은 물론 특별한 경험을 주고 싶을 때면 치밀한 계획으로 아이들에게 깨침이 되도록 노력한다. 양미선 선생은 2012년 충남 서천에서 왔는데, 엄마의 마음과 같은 존중과 사랑으로 아이들을 살피고 안아준다. 2013년 인근 무주군에서 온 박미조 선생은 저마다 다른 아이들의 빛깔을 잘 살피면서 얘기를 들어주고 이해해준다.

행정실장으로 부임을 희망한 심봉숙 실장도 학교가 자리 잡는 데 큰 역할을 했다. 사실 행정실과 교무실이 소통하고 공동체로서 마음을 나누는 학교는 흔치 않은데, 심 실장은 늘 교무실과 한마음이 되어준다. 늦은 시간까지 교육과정협의회에 참석하기도 하고, 장승학교 교실을 지을 때는 온 마음을 내어 함께 노력했다. 이런 노력들이 모아져서 장승학교가 더욱 단단해질 수 있었다.

● ● 왜 '참 삶을 가꾸는' 교육일까?

일본 대지진 / 강희주(장승초 6학년)
일제 강점기 때
우리나라를 침략한 일본
지금도 독도를 자기네 땅이라고
우기고 있는 일본

그렇지만 일본에
대지진이 일어난 지금
일본 사람들을 미워할 수가
없게 되었다.

일본 사람들도 사람인데
과거에 못되게 굴었다고
지금 대재앙이 와서까지
차갑게 대할 수는 없다.
(2011. 3. 17)

학교가 돌아왔다

학교에서는 마땅히 아이들의 학력 향상을 위해 노력해야 하지만, 인성교육 또한 빼놓을 수 없다. '인성'을 굳이 내 방식으로 표현하자면 '좀 더 따뜻하게 세상을 바라보는 시선'이라고 말하고 싶다. 고통받는 사람이 있다면 함께 아파할 줄 알고, 슬픔에 빠진 사람을 그냥 지나치지 않고 위로할 수 있는 마음, 둘레를 돌아볼 줄 알고, 어려움에 처한 사람과 함께 마음을 나눌 수 있는 사람이면 좋겠다.

철학은 그 사람의 인생관이다. 따라서 학교의 철학은 결국 그 학교가 가고자 하는 큰 목표 혹은 방향이 될 것이다. 학교 철학이 다르면, 학교 구성원들이 아이들을 바라보는 눈에도 큰 차이가 있게 된다. 따라서 학교 철학을 바로 세워야 학교 운영도 제대로 이루어진다. 학교의 교육과정 역시 학교 철학에 따라 만들어진다.

장승학교의 교육과정은 어디서나 흔히 쓰는 '참'과 '거짓'이라는 말에서 출발했다. 참과 거짓이란 무엇일까? 윤구병 선생이 밝혔듯이 가장 알기 쉬운 방법은 어르신들께 묻는 것이다. 그래서 어르신들께 '참'이 무엇인가 물었더니 "있는 것을 있다고 허고, 없는 것을 없다고 허는 것이지." 하신다. 그럼 '거짓'이란 무엇일까? 거짓은 "없는 것을 있다고 허고, 있는 것을 없다고 허는 것이지." 하신다.

정말 그렇다 싶다. 있는 것을 있다고 말하고, 없는 것을 없다고 말할 수 있다면 정말 당당한 아이가 아닐까? 하지만 아직 많은 학교에서 아이들이 있는 그대로의 이야기나 아픈 마음을 글로 표현하면 '왜 부정적인 이야기를 쓰게 하나? 즐겁고 좋은 이야기를 쓰게 하라.' 하면서 거짓된 말과 글을 쓰게 한다. 도대체 이런 교육으로 어떤 아이를 키우자는 것인가?

다음은 '삶'이라는 말이다. '삶'은 많은 작은 학교에서 쓰는 말이고, 학교 교육에서 놓쳐서는 안 되는 말이기도 하다.

사전에서 '삶'을 찾아보니 '사는 것'이라고 나와 있다. 하지만 옛 선조들은 '아는 것'과 '사는 것'을 같은 것으로 보았다. 그러다 현대에 오면서 '앎'과 '삶'이 분화가 되어 '아는 것'과 '사는 것'이 서로 다른 세상이 된 것이다. 글을 쓴다는 문인뿐만 아니라 많은 사람들이 말과 글이 다르고, 글과 삶이 다르게 살고 있다. 이런 현실에서 학교 교육이 진정으로 추구해야 할 것이 무엇인지 다시 한 번 생각해보게 된다. 글만 잘 쓰는 글쟁이나 말만 잘하는 말쟁이가 아니라 앎과 삶이 일치하는 교육을 실현해야 한다.

그렇다면 '교육'이란 무엇일까? 선생님이 시키는 대로 순종하는 것이 학생의 도리일까? 말이나 글로 부모님과 선생님을 비판하는 아이를 나무라고 혼내는 것이 맞는 것일까?

나는 아이의 마음으로 돌아가 지극히 상식적인 교육을 하고 싶었다. 아이들 눈에 맞지 않는 것은 교육이 아니라고 생각했다. 특별할 것도 없이 학부모와 교사, 학생이 모두가 공감하고 함께 나눌 수 있는, 상식이 통하는 학교라면 제대로 된 교육이 이루어지지 않을까 생각했다.

이오덕 선생은 '사람이 왜 일을 해야 하나 하는 물음은 사람이 왜 살아야 하나 하는 말과 같다. 또 사람이 가르치는 첫째 과제는 일하기가 되어야 하고, 일하기를 하면서 사람다운 느낌과 생각을 가질 수 있다.'고 하셨다. 정말 소중하고 가치 있는 생각이고 말씀이다. 땀을 흘리면서 땀의 가치를 느끼고, 그런 과정에서 좋은 생각과 바른 뜻을 세울 수 있으니까.

이런 뜻에 따라 장승초등학교 교육과정은 일하기 중심으로 이루어져 있다. 조금은 거창하지만 '스스로 서서 서로를 살린다'는 우리 학교 철학도, 일하기를 통해 마음 즉 느낌과 생각과 뜻이 자라면 우리 모두가 서로를 살릴 수 있게 된다는 뜻이다.

철학을 세우는 과정은 쉽지 않았다. 2010년에 학교를 준비하면서 일주일에 한 번씩 모여서 무엇으로 중심을 잡고 아이들을 만날 것인지 끊임없이 이야기를 나누었다. 우선 구성원들이 철학을 공유하는 것이 중요했기 때문이다.

몇 달 동안 이야기를 나누다 정한 것이 바로 자립과 상생 즉, 스스로 서서 서로를 살리는 것이었다. 그리고 '스스로 서다.'와 '서로를 살리다.'가 무엇인지에 대해 충분히 이야기를 나누고, 그것에 따라 교육과정의 알맹이들을 만들어 나갔다. 다시 말해 학교 철학을 먼저 세우고, 그에 따라 어떤 내용으로 아이들과 만날 것인가, 교육과정을 운영할 것인가를 정한 것이다.

그렇다면 '스스로 서다.'란 무엇일까? 학생들은 저마다 다른 모습으로 존재하는 독립된 주체이다. 따라서 어떤 교육과정으로도 결과가 정해진 공식처럼 답이 딱 나올 수 없다. 이것은 공부뿐만 아니라 모든 것에 똑같이 적용된다. 미술이든 음악이든 글쓰기든 땀 흘려 일하기든 아이들의 재능과 능력을 최대한 살릴 수 있도록 도와주어야 한다. 책으로 배우는 지식이 아니라 삶 속에서 배울 수 있도록 도와주어야 한다. 아이들마다 무엇이 부족하고, 무엇이 필요하며, 무엇을 원하는지 살피고 헤아릴 수 있어야 한다. 저마다의 빛깔을 가진 아이들은 획일적으로 길러질 수 없다. 아이들마다의 빛깔을 살려주는 것이 학교 교육의 역할이 아닐까? 결국 '스스로 서다.'라는 것은 아이들마다 각자의 빛깔로 바로 서는 것이라 할 수 있겠다.

'서로를 살리다.'란 무엇일까? 아이들이 저마다의 빛깔로 스스로 섰다면, 선 것에 멈추지 않고 둘레를 살필 수 있는 눈을 가져야 한다. 이는 곧 '나눔'이다. '배움'으로써 아이들은 스스로 설 수 있는 힘을 기르고, 그 힘으로 '나눔'을 실천해야 한다. 그것이 곧 서로를 살리는 길이다.

사람은 혼자 살아가지 않는다. 내 둘레를 도와주고 보살펴주는 데 마음을 써야 한다. 이렇게 되었을 때 비로소 아이들은 좋은 느낌과 생각으로 뜻을 세울 수 있게 된다.

장승초등학교는 '스스로 서서 서로를 살리자.'라는 철학과 체험(일하기) 교육과정에 따라 일하고 몸으로 겪는 것을 중요하게 여긴다. 그 가운데 텃밭 가꾸기와 벼 한살이 체험은 특히 중요한 '몸으로 겪기'이다. 도시는 물론 요즘은 시골에 살아도 아이들은 일을 하지 않을 뿐더러 소중한 먹을거리에 대해서도 잘 알지 못한다. 땀 흘려 일하지 않고, 내가 먹는 소중한 먹을거리가 어떻게 만들어지는지 알지 못한다면 교육이 해야 할 역할은 과연 무엇일까?

가을에 하는 2박 3일의 지리산 종주(4~6학년)와 1박 2일 지리산둘레길 걷기(1~3학년), 한 해 세 차례 이루어지는 진안 고원길 걷기도 몸 공부의 중심이다. 어른도 쉽지 않은 지리산길 35킬로미터를 종주하면서 아이들은 어려움을 겪고 이겨내는 과정을 몸으로 익히게 된다.

봉사활동도 마찬가지다. 어쩌다 한 번씩 어르신들을 방문해 선물을 전달하고 공연을 하고 오는 것이 아니라 분기마다 한 번씩 어르신들을 방문해서 공연을 보여드리기도 하고, 말벗이 되기도 하며, 어깨도 주물러드리고 온다. 이를 통해 어른을 공경하는 마음, 봉사활동의 참뜻을 새기는 시간이 된다.

교과에서 배우는 지식은 아이들이 현상을 보는 눈과 관점을 키우는 데 도움을 준다. 전체 교과는 따로 떨어진 것들이 아니라 유기적으로 연결되어 소통, 공유한다고 할 수 있다. 배움은 교과를 바탕에 두고 '세상'과 '나'를 두 기둥으로 하여 서로 보완하는 관계라 할 수 있다. 방과 후 프로그램이나 동아리활동 등 학교에서 이루어지는 모든 활동들 역시 따로 독립적으로 존재하는 것이 아니라 유기적으로 이어진다. 즉 학교에서 이루어지는 모든 교육활동이 세상과 나를 소통하게 하고, 공동체성을 배우게 하고, 몸과 마음이 자라게 한다.

그럼에도 많은 학교에서 아직도 교과는 교과대로, 방과 후는 방과 후대로, 학생 지도는 학생 지도대로 따로 분리해서 운영하는 경우가 참 많다. 학교는 지식을 축적하는 것에서 그치지 않고, 관계를 배우는 곳이 되어야 한다. 교과와 방과 후, 아이들이 모두 유기적으로 연결되어 있으며, 아이들은 그 속에서 '관계'와 '나눔'을 자연스럽게 깨치는 것이다.

장승초등학교의 꿈은, 그런 유기적인 공간이 되는 것이다. 아이들이 스스로 서는 것에 그치지 않고 서로를 살피며 배려하는 공간, 공동체성을 발현하는 공간을 꿈꾸는 것이다. 이 때문에 많은 학교에서 간과하기 쉬운 각 활동의 연관성과 의미성을 중시한다. 어떤 활동이든 교육철학과의 관계를 따지고, 아이들에게 어떤 부분에서 도움이 되는지 고민하고 구성한다.

흔히 학교를 만드는 세 축을 학부모, 교사, 학생이라고 이야기한다. 아주 마땅한 이야기다. 그렇게 잘 알면서도 실제 학교 현장에서는 세 개의 축 가운데 어느 한쪽으로 기울어진 경우가 많다. 특히 학부모들은 스스로 학교의 한 축이라는 정체성을 가지고 있지 못하다.

세 개의 축이 균형을 이루고 함께 만들어가는 학교, 그곳이 바로 장승초등학교다.

장승학교를 시작한 지 네 해밖에 되지 않았지만 '함께'라는 말을 늘 생각한다. 그간의 시간을 돌이켜보면 짧은 시간 동안 정말 많은 일들이 있었고, 같은 뜻을 가지고 산다는 것이 얼마나 거대한 힘을 발휘할 수 있는지 다시 한 번 느낀다.

첫해에는 폐교를 벗어나는 일 즉, 공간 재배치와 학교 시스템 만들기 등을 하였고, 둘째 해에는 부족한 교실을 대체할 새 건물에 대해 함께 고민하는 과정을 거쳤다. 세 번째 해에는 자연스럽게 학교가 안정되어 가면서 실제 수업에 대한 고민으로 이어졌다. 이런 과정의 하나로 서근원 교수와 함께 '아이의 눈으로 수업 보기'를 진행하기도 했다.

또한 교사로서의 자존감과 책임을 다하기 위해 하루에 한 번 이상 몸 인사하기, 하루에 한 번 이상 눈 맞추고 이야기하기, 긍정의 말하기, 아이가 잘

학교가 돌아왔다

하는 것 찾아주기, 하루 30분 이상 연구하기 등 장승 교사의 다짐을 정해서 실천하려고 노력하고 있다.

학부모들도 자연스럽게 친해지고 함께 나누는 기쁨을 찾기 위해 동아리를 만들기 시작했다. 그렇게 해서 장승돌이(풍물)·도자기·책읽기·아버지 축구·발효식품·제과제빵·손뜨개 동아리들이 만들어지게 되었다. 주마다 한 번씩 또는 동아리마다 정기모임 날짜를 정해 정을 나누고, 기능을 익히면서 학교 철학에 맞춰 스스로 서고자 한다. 이와 더불어 학부모 윤리강령

을 만들어 좋은 부모로 바로 서는 노력을 게을리하지 않고 있다.

처음 학교를 시작했을 때는 서로 다른 문화와 환경에서 자란 아이들이 싸우거나 욕을 하는 등 여러 가지 문제가 일어났다. 심지어 고학년 아이들 가운데 일부가 저학년 아이들을 데려다 욕을 가르치는 일도 있었다. 어떤 학부모는 '교사들이 노력하는 학교라고 해서 보냈더니 별것도 없네?' 하는 말을 하기도 했다.

교사들은 이런 문제를 해결하기 위해 밤마다 회의를 했다. 체벌 등 기존의 방법으로 문제를 해결하는 것은 우리 학교의 방식이 아니었다. 아이들이 스스로 해결의 주체가 될 수 있도록 방법을 찾다 보니 시간이 많이 걸릴 수밖에 없었다. 교장선생님을 포함한 모든 교사들이 어떻게 하면 아이들이 스스로 문제를 해결해 나갈 수 있는 계기를 만들 수 있을지 고민에 고민을 거듭했다.

그렇게 시간이 흐르면서 아이들은 스스로 다모임에서 규칙을 정해 실천하고, 노력하기 시작했다. 그러자 아이들 사이의 다툼도 많이 줄었고, 욕을 하는 아이들도 자연스럽게 줄었다. 한 발 더 나아가 아이들은 다모임에서 '장승어린이 선언문'을 스스로 만들어내었다.

장승초등학교 어린이 선언문
우리는 스스로 서서 서로를 살리는
장승 어린이입니다.
우리는 선후배 사이에 거리가 없고

학교가 돌아왔다

서로를 위하여
언제나 배려하는 어린이입니다.
우리는 스스로를 자랑스럽게 생각하고
다른 생명을 존중합니다.
이제부터 우리는
하나가 되어 특별하고 자랑스러운
장승 어린이가 되었음을 선언합니다.

이처럼 장승에서는 교사는 교사대로, 학부모는 학부모대로, 아이들은 아이들대로 스스로 성장하면서 기쁨을 느끼고, 함께 마음을 나누는 노력을 게을리하지 않으면서 모두가 식구 같은 마음으로 지내고 있다.

아이들은 몸으로 익히는 것을 좋아할 뿐 아니라 몸으로 익힌 것은 쉽게 잊지 않고 오래 남는다. 하지만 또렷한 목표를 가지고 있지 않은 일회성 체험은 오히려 위험할 수도 있다. 어디에 다녀왔느냐, 무슨 체험을 했느냐가 중요한 것이 아니라 또렷한 철학을 가지고 그 철학에 맞춰 체험활동을 계획해야 한다. 이것은 곧 학교에서 이루어지고 있는 모든 교육활동에 대해 좀 더 깊은 고민과 철학을 담아내야 한다는 뜻이기도 하다.

또한 스스로 서서 서로를 살리고자 하는 철학이 조화롭고 균형 있게 이루어지도록 교육과정에 대한 더 깊은 연구와 살핌이 필요하다. 교육철학에 따라 열심히 생활하고 있지만, 정작 그와 같은 교육과정에 따라 아이들이 어떤 성장을 이루었는지, 아이들이 그만큼의 목표를 이루는 데 도움을 주었는지 하나씩 짚어보아야 한다.

● ● 틀은 우리가 만드는 거죠

학교 / 최어진(장승초 5학년)
학교란
가고 싶은 데가 있고
가기 싫은 데가 있다.
우리는 우리가 생각할 때
어떤 학교에 다닐까?
난 세상에서
가장 좋은 학교에 다닌다.
난 세상에서 가장 행복하다.
(2011. 3. 22)

　지금까지 우리가 보아왔던 학교 건물은, 생각만 해도 단조롭고 무미건조
하다. 콘크리트로 지어진 반듯반듯한 교실과 복도. 학교의 주인인 학부모
와 아이들, 교사들의 생각은 물어보지도 않고 지어진 학교 건물은, 아이들
이 집보다 더 많은 시간을 보내는 대한민국의 학교 건물은 정작 우리 아이
들에게는 편한 공간이 아니다. 지금도 이런 악순환은 계속 반복되고 있다.

2012년 10월, 드디어 장승학교 교실 건물이 완성되었다. 본래 2011년에 완공되었어야 할 건물이 한 해를 넘겼다. 관례에 비추어보면 학교 공동체가 학교를 만드는 과정에 참여한다는 것이 아주 어려운 일이다. 따라서 이것을 기록으로 남기고 함께 나누는 것이 의미가 있을 것 같다.

2011년 3월, 장승학교가 6학급으로 늘어나면서 부족한 교실 세 칸을 지을 수 있도록 도교육청에서 8억여 원의 예산을 주었다. 당장 부족한 교실은 임시로 다른 공간을 바꾸어서 쓰고, 되도록 빨리 새 교실을 지으라는 돈이었다.

학교 건축이 지금까지 어떻게 이루어져왔는가는 잘 알 것이다. 아이들을 중심에 두고 학교 건축을 생각하는 것이 아니라 설계 도면대로 지으면 그만이었다. 그도 그럴 것이, 지금까지 학교 건축에 학부모들의 생각이 반영되어야 한다는 생각을 하거나 그런 경험을 해본 적이 없기 때문이었다.

운영위원회에서 이왕 새로 짓는 김에 학부모와 아이들의 의견을 반영할수 있으면 좋겠다는 의견이 나와서 학부모와 교사, 생태건축에 밝은 지역 전문가 몇 사람으로 학교운영위원회 내에 건축소위원회를 꾸렸다. 2011년 여름, 설계가 한창 이루어지고 있을 무렵이었다. 사실 설계를 맡은 설계사는 교육지원청의 낙찰을 받아 나름대로 설계를 해서 납품하면 그만일 뿐이다. 지금까지 학교에서 이래라저래라 하지 못했던 것이 관행이기도 했다.

우선 학교 건축에 대해 알아야 이래라저래라 이야기를 할 수 있겠다 싶어 건축소위원들은 생태건축으로 유명한 학교 몇 곳을 둘러보며 공부를 했다. 또 여름방학 동안 여러 차례 모임을 가지고 어떤 건축을 설계에 반영할 것인지 이야기를 나누었다. 한편 우리의 뜻을 건축에 반영하기 위해 교육지원청에 설계를 석 달 정도 미뤄달라고 요구했고, 교육지원청에서도 우리의 뜻을 받아들였다.

교실을 잘 짓기 위해 가장 중요한 것은 무엇보다 학교 구성원들의 의견을 청취해서 반영하는 것이다. 우리는 2011년 2학기 개학을 하자마자 어떤 교실이 지어지기를 바라는지 아이들과 학부모, 교사들을 대상으로 두 차례 설문조사를 했다.

여러 가지 의견이 있었지만 의견을 요약해보니 '교실마다 다락이 있으면 좋겠다.' '교실에서 바로 운동장으로 나갈 수 있으면 좋겠다.' '교실 바닥이 안 방처럼 따뜻하면 좋겠다.' '친환경적으로 지으면 좋겠다.' '남향으로 지으면 좋겠다.' 등이었다.

학교가 돌아왔다

정말 꿈 같은 의견들이었다. 그렇게만 된다면 얼마나 멋진 건물이 지어질지 상상이 되었다. '쇠뿔도 단김에 빼랬다'고, 곧바로 설계사를 만나 이런 의견이 반영될 수 있도록 요구를 했다. 당황한 설계사는 우리 뜻대로 해주기는 어렵다며 고충을 토로했다. 하지만 여러 번 부딪치고 이야기를 나눈 결과 진안교육지원청에서 장승공동체의 뜻을 받아들여 설계에 반영하기로 약속을 했다.

그렇게 몇 달이 지나고 드디어 2012년 2월에 설계가 나왔다. 장승공동체의 뜻이 100퍼센트 반영된 것은 아니었지만, 지금까지의 학교 건축과는 다른 멋진 건물이 설계도면으로 탄생했다.

설계도가 나왔으니 이제는 시공이 중요하다. 그때부터 건설과 토목에 밝은 학부모 한 분이 명예 감독관 역할을 맡아 건설회사와 의견을 나누는 통로가 되어주었다. 만일 명예 감독관이 수시로 찾아와 건축 진행 상황을 열정적으로 살피지 않았더라면 지금과 같은 건물은 나올 수 없었을지도 모른다. 그만큼 최초의 뜻과 시공이 똑같이 이뤄지기가 어렵기 때문이다.

사실 건물을 짓는 과정에서 마음에 들지 않는 것이 한두 가지가 아니었다. 재료를 쓸 때도 아이들에게 좋은지 또는 구성원들이 요구한 것에 부합하는지를 일일이 따져서 반영을 해야 하는데 그러지 못했다. 하지만 모든 것을 다 이룰 수는 없는 법. 포기할 것은 포기하고 얻어낼 것은 꼼꼼히 살펴서 얻어내었다.

가장 어려운 부분은 학교 터가 워낙 작은 데다 건물을 남향으로 짓다 보니 운동장에 건물이 들어서게 되어 아이들이 운동장을 쓸 수 없게 된 것이다. 그 대안으로 학교 건물 뒤편에 모래를 깔고 간이 축구를 할 수 있도록 마련해주기는 했지만 아이들이 놀 수 있는 시간과 공간이 부족해서 일주일에 한 번씩 옆 학교 차를 빌려 진안공설운동장으로 체육을 하러 가야 했다. 뿐만 아니라 50년 된 급식소 건물을 부술 수밖에 없었기 때문에 밥 먹을 곳이 마땅치 않아 교실 두 칸 크기의 수련실에서 밥을 먹어야 했다. 더군다나 학교 창고를 없애는 바람에 목공실로 쓰고 있던 비닐하우스에 짐을 모두 넣어야 했고, 목공실이 사라지자 목공부 아이들은 이곳저곳을 다니며 목공 수업을 할 수밖에 없었다. 비가 오는 날이면 특히 목공 수업을 할 곳이 없어 더욱 힘들었다.

건물을 짓는 중에도 맞지 않다 싶은 것은 진안교육지원청에 설계 변경을 요청해서 그대로 시행하기도 했다. 가장 좋았던 것은 본관 출입문이 있는 공간이 텍스로 마감되어 시야가 막힌 느낌이 들던 것을 나무 루바로 천장을 높여 시야가 넓게 트이고 한껏 살아있는 분위기를 연출한 것이다. 기초 골조는 대부분 시멘트로 이루어져서 특별히 살필 것이 많지 않았지만 내장재는 꼼꼼히 살피고 관심을 기울였다.

2012년 8월경에 골조가 다 올라가고, 9월쯤부터 교실 안쪽 마감이 이루어졌다. 재료부터 색깔까지 하나하나 살피고, 제대로 이루어지지 않은 부분은 다시 수정을 요구했다. 그 과정에서 아토피가 있는 아이들을 위해 비소성(굽지 않은) 벽돌을 교실에 사용하도록 요구했고, 의견이 반영되었다. 하지만 아쉬운 것은 작업자들이 한 번도 그렇게 좋은 벽돌을 써본 적이 없었기 때문에 벽돌과 벽돌 사이에 시멘트가 들어가지 않은 좋은 재료를 쓰지 않고 시멘트를 바르는 실수를 하고 말았던 것이다. 아쉬운 대로 줄눈을 황토로 해서 아쉬움을 달래야 했다.

그렇게 벽돌을 쌓고 보니 다른 건물보다 시멘트 냄새가 덜 난다고도 하고, 교실 분위기가 편안함을 준다고도 했다. 아토피가 있는 아이들뿐 아니라 모든 아이들을 위해 편안한 교실, 집 같은 교실을 선물하고 싶은 마음이 조금은 보상을 받은 셈이었다.

다락 지붕은 우리가 요구한 대로 미송(나무)으로 작업을 했다. 덕분에 교실에 들어서면 나무향이 은은하게 나서 더욱 좋다. 교실 바닥과 다락 바닥은 따뜻하게 난방이 되도록 했다. 다락에 놓을 좌탁과 교실마다 놓을 신발장 그리고 선생님들 책상은 학부모 가운데 목공에 뛰어난 재주가 있는 분이 손수 만들어주었다.

건물이 완성되어 갈 때쯤 찾아온 사람들은 한결같이 '펜션 같다' '진짜 집 같다'는 반응들을 보여주었다. 그렇다. 정말 우리는 집처럼 편안한 교실, 아이들이 편안하게 쉴 수 있고 편안하게 공부할 수 있는 교실을 만들고 싶었다.

요즘은 따뜻한 다락에서 아이들과 라면도 끓여 먹고, 보이차도 마신다. 교실에서 공부하기 싫을 때면 모두 다락에 올라가 책을 읽기도 하고, 놀기도 한다. 아침에 일찍 온 아이들은 다락에 올라가 보드 게임도 하고, 자기들끼리 어울려 놀기도 한다. 특히 좋은 것은 다락에서 아이들과 함께 1박 2일을 할 수 있다는 것이다.

건물이 지어진 뒤 학년마다 학부모와 아이들이 모두 참여하여 1박 2일 프로그램을 하곤 했다. 다락에서 잠을 자면서 따뜻한 교실에서 마음으로 대화하기 프로그램 등을 하고 나니까 더욱 친해진 느낌이 들었다. 한편으로는 교실에서, 다락에서 편히 잘 수 있는 꿈을 이루어 좋기도 하다.

드디어 2012년 10월 19일 교실이 완공되고, 교실 네 칸에 1, 2, 4, 6학년 아이들이 이사를 했다. 서각부 아이들은 학급 표찰을 한 학기 동안 열심히 서각으로 파서 달았다. 보는 사람마다 정말 멋진 서각이라고 칭찬을 아끼지 않았다. 학부모 도자기 동아리에서는 학급 표찰 옆에 도자기로 멋진 풍경을 만들어 달아주었는데, 서각과 잘 어울렸다. 아이들과 학부모, 학생 모두가 참여해서 만든 교실이어서 좋고, 교실 어느 곳에나 장승 공동체의 흔적이 배어 있어 더욱 정이 간다.

준공식 때는 학부모, 학생은 물론 지역 교사들과 어르신들, 교육감과 교육지원청 식구들 모두를 모셔놓고 장승의 잔칫날을 만들었다.

두 해 동안 참 많은 학교에서 새로 지은 우리 건물을 보기 위해 다녀갔다. 어떤 학교는 새로 건물을 짓는다며 장승학교 설계도를 그대로 가져가기도 했고, 설계사를 직접 데리고 와서 장승학교처럼 지어달라고 요구한 학교도 있다. 어찌 보면 지금까지 획일적으로 이루어져 왔던 학교 건축에 경종을 울리고, 한 단계 더 나아가는 데 도움을 준 것 같아 장승 식구들 모두 뿌듯해 한다.

학교는 지역사회와 마을과 동떨어져서는 안 된다. 이 때문에 우리는 진안군과 협력하여 귀농·귀촌하는 학부모들이 주거할 수 있는 공동주택을 지을 계획도 가지고 있다. 이런 계획들이 하나씩 실행된다면, 지역 어르신들이 학교를 내 집처럼 이용할 수 있고, 학교 도서관을 마을 도서관으로 활용하면서 지역과 학교가 함께 서로를 살리는 그림이 그려지지 않을까?

어떤 사람은 사례가 없어서 못한다고 한다. 물론 처음에 길을 여는 것은 어렵고도 힘든 고난의 과정일 수 있다. 하지만 누군가 한 번 길을 열어놓으면 뒤에 따라가는 사람은 좀 더 쉽게 그 길을 이룰 수 있다. 하지만 진정한 길은 공동체 전체가 주체로 우뚝 서서 함께 노력하며 만들어내는 것이다.

● ● 우리는 왜 학교를 상상하지 못할까?

진돗개 / 황치현(장승초 3학년)
버스에서 내리면
강아지가 달려온다.
내 몸이 자석 N극이고
강아지 몸이 S극 같다.
점심 먹고 강아지를 찾으면
강아지가 내비게이션 같다.
또 애교도 부려
밥도 달라고 한다.
참 귀엽다.
(2013. 11. 18)

　　3학년 과학교과 가운데 동물의 한살이 수업을 위해 강아지 네 마리를 분양받아 학교에서 키운 적이 있다. 아이들은 강아지 구경에 학교 오는 것이 즐겁고, 마냥 신나 했다. 나중에 두 마리는 다른 곳에 분양을 하고, 두 마리는 지금도 학교에서 키우고 있다. 학교에서 강아지를 키우자면 여러 가지 어려움이 있지만, '학교'라는 고정관념을 벗어난다는 점에서 좀 다르게 생각해

학교가 돌아왔다

볼 수 있지 않을까?

2015년 1월, 보름 정도의 일정으로 전국의 여러 선생님들과 함께 북유럽에 있는 덴마크, 스웨덴, 핀란드의 학교로 탐방을 다녀왔다. 2000년대부터 우리나라에 널리 알려지기 시작한 북유럽식 교육은, 사실 요즘 교육의 대세라고 해도 지나친 말이 아닐 것이다.

교육 관련 강연에 가보면 빠지지 않고 나오는 얘기가 북유럽의 교육과 복지다. 여러 분야에서 복지 선진국이라 할 수 있는 이 나라들은, 우리 처지에서는 참 부러울 수밖에 없다. 대학 학비만 봐도 수백만 원을 훌쩍 넘는 우리나라에 비해 대학원까지 무상교육을 누리고 있으니, 부러움 그 자체다. 사회보장이나 복지혜택은 세계 최고 수준이니, 더 이상 얘기하면 잔소리다.

스웨덴에 갔을 때 가장 놀라웠던 것은 프리휴셋 종합학교의 상상력이었다. 특히 그 가운데 냉동창고였던 곳을 새롭게 고쳐서 학교를 만들어낸 '공간 상상력이 놀라웠다. 게다가 그들은 슬럼가에 가까웠던 그곳을 학교로 만들고, 학교 이름마저 냉동 창고라고 붙였다(프리휴셋은 글자 그대로 냉동창고라는 뜻이다).

공간 배치도 탁월했다. 지하에는 아이들이 자유롭게 이용할 수 있는 스케이트보드 연습실을 설치했고, 1층에는 세 개나 되는 체육관을 만들었다. 농구뿐만 아니라 여러 체육활동을 실시하기에 충분한 공간이었다. 콘크리트가 그대로 드러나는 각 공간의 천장에는 커다란 흡배기관이 지나고 있어 예전에 그곳이 냉동창고였음을 짐작할 수 있었다. 그럼에도 각각의 공간에 갖추어진 시설들은 전혀 낯설게 느껴지지 않았다.

건물은 여러 개의 층으로 이루어져 있는데, 각 층별로 초·중·고등학교와 시민학교까지 자리 잡고 있었다. 공간 배치 역시 예사로 이루어진 것이 아니라 아이들의 동선을 고려한 세심한 마음 씀씀이가 느껴졌다. 공간을 재배치한 상상력뿐만 아니라 초등학생부터 성인을 위한 교육까지 모두 한 건물에서 이루어진다는 것이 놀라웠다.

'교육'이라는 딱딱한 틀에 매이지 않고 공간의 원래 용도나 위치, 피교육자의 연령 등에 한계를 짓지 않는 그들의 자유로움과 상상력이 바로 교육의 힘이 아닐까 하는 생각이 들었다.

학교라는 공간을 벗어나지 않고, 국가에서 정한 수업시수와 교육목표에 어긋나지 않으면서 우리는 얼마나 자유롭게 아이들과 만날 수 있을까?

초임 시절, 의욕만 앞선 채 이것저것 많은 것을 시도했다. 하지만 꼭 마지막에 가서 부닥친 벽은 교장이나 교감의 "무슨 일 생기면 어떻게 하려고 그래?"였다. 그러면 나는 그만 꼬리를 내리고, 시도하던 일들을 금세 접고 말았다.

그래서였을까? 그때부터 무언가 새로운 것을 시도할 때는 웬만해서는 미리 알리지 않는 습관이 생겼다. 물론, 아무리 좋은 의도로 하는 일이라도 문제가 생길 수 있다. 하지만 좋은 뜻으로 시도하는 일이 있다면 일단 자유롭게 할 수 있도록 판을 열어주고, 실행 과정에서 안전사고가 발생하지 않도록 주의를 하는 게 옳은 방향이 아닐까?

학교가 돌아왔다

장승학교에서 2011년에 처음으로 1박 2일에 걸쳐 지리산둘레길 걷기와 천왕봉 등반을 한다고 했을 때 제일 먼저 제기된 것이 '무슨 일 생기면?' 하는 안전의 문제였다.

물론 무슨 일이 생기면 아이뿐만 아니라 부모에게도 큰 상처가 될 수 있다. 또한 교사와 관리자에게도 씻을 수 없는 낙인이 될 수 있다. 하지만 교육의 본질은 각 학교의 교육철학을 실현해 가는 과정이 아닌가.

설사 그 과정에서 다소의 어려움이 발생하더라도 금세 접어버려서는 안 된다. 오히려 예상되는 어려움을 슬기롭게 이겨낼 수 있도록 구성원들이 모여서 수시로 이야기를 나누고, 함께 해결해 나가야 한다. 두려움 때문에 시도조차 하지 않는다면 우리가 추구하는 교육의 본질은 사라져버리게 될지도 모른다.

오늘날 교육과정의 재구성과 융통성이 유행처럼 번지고 있다. 하지만 정작 학교 현장에서는 '주어진 틀 안에서 내가 자유롭게 할 수 있는 것이 무엇이 있을까?' '이래놓고 나중에 또 하지 말라고 하는 것은 아닐까?' 하면서 자기검열에 빠지곤 한다. 스스로 생각의 한계가 지어질 때 문학과 예술의 자유로움이 사라지는 것과 마찬가지로 교사들 역시 무엇은 되고, 무엇은 안 된다는 식으로 스스로 한계를 짓기 시작하면 아이들과 함께할 수 있는 활동에도 한계가 지어질 수밖에 없고, 아이들과 교사의 상상력 역시 고정된 틀 안에 갇힐 수밖에 없을 것이다.

우리나라의 경우, 이제는 각 학교에 재량권을 많이 주었다고들 말한다. 하지만 현실은 전혀 그렇지 않다. 창의적 체험활동만 보더라도 의무적으로 성교육 몇 시간, 보건교육 몇 시간, 학교폭력예방교육 몇 시간 등으로 아예 규정이 되어 있다. 이렇게 강제로 시간을 배정한다고 해서 성교육이나 보건교육, 폭력예방 교육이 제대로 이루어질 수도 없을 뿐더러 교사와 아이들의 상상력을 오히려 저해하게 된다. 입으로는 자율성을 외치지만 정작 학교 현장에서 피부로 느끼는 자율성은 거의 없는 것처럼 느껴지는 것은 나 혼자만일까?

국가에서 정해놓은 교육과정을 하지 말자는 이야기가 아니다. 다만 교육공동체 구성원들이 충분히 토론하고 합의하여 그 학교만의 교육철학을 실현하기 위한 자유로운 상상력이 동원되었으면 좋겠다는 것이다. 그런 자유로움은 온전히 아이들에게 전해질 것이고, 학교의 상상력은 아이들의 창의력으로 피어날 것이다. 그럴 때에야 비로소 학교마다의 빛깔을 찾을 수 있고, 그 학교에서 추구하는 철학이 실현될 수 있을 것이다.

우리나라는 어느 학교를 가든 양지바른 학교의 중심부에는 교장실이나 교무실이 위치하고 있다. 하지만 북유럽의 학교는 대부분 작은 평수의 교장실이 구석진 곳에 위치해 있고, 그곳에는 달랑 책상 하나가 있을 뿐이었다. 일률적으로 우리나라와 북유럽을 비교할 수는 없지만 교장실의 크기와 위치는 시사하는 바가 크다. 교사들이 자유롭게 상상한 것들을 무엇이든 펼

학교가 돌아왔다

칠 수 있도록 들어주고 나누면서 합리적으로 풀어갈 수 있도록 도와주는 교장이라면, 양지바른 학교의 중심에 교장실을 두지는 않을 것 같다.

북유럽의 학교를 방문할 때마다 느꼈던 부러움 중 하나는 학교의 구조 안에 이미 교육공동체의 상상력이 담겨 있다는 점이었다.

교육사상가, 우리나라에도 있다
일하기가 기본이 되는 교육
몸으로 겪고, 나를 표현하다
마을에서의 삶이 교육이다
도대체 수업이 뭘까?
공동체성, 학교에서 나누다

3부

시골에서의 삶
그리고 교육

● ● 교육사상가, 우리나라에도 있다

피 뽑기 / 송명선(장승초 6학년)
논에 있는 피를 뽑으러 간다.
벼하고 피하고 구분이 안 간다.
지금 뭘 뽑고 있는지 모르겠다.
피를 뽑으려고 하면
간지러워서 못 뽑겠다.
자기들을 뽑아가서
못 뽑게 막는 것 같다.
(2012. 7. 24)

　장승학교 아이들은 일을 많이 한다. 텃밭에 거름도 주고, 감자도 심고, 손으로 모도 심는다. 그리고 몇 주 지나서 조금씩 올라오는 피도 뽑는다. 이렇게 여러 해 동안 일을 하면서 아이들 마음도 부쩍 자란다. 장승의 교육 공동체 구성원들은 아이들이 몸을 움직여 일을 하면서 살아야 땀의 소중함도 알고, 세상을 올곧게 살아가는 밑거름이 된다는 것에 동의를 해주었

　　　　　　　　　　　　　　　　　학교가 돌아왔다

다. 그 바탕에는 이오덕 선생의 일하기(체험) 교육과정이 담겨있다. 이오덕 선생처럼 우리나라에도 훌륭한 교육철학과 사상으로 올바른 길을 열어준 분들이 있다.

유럽의 여러 나라 학교 탐방을 하면서 부러운 것이 한두 가지가 아니었지만, 그중에서도 특히 위대한 교육사상가들의 존재는 참으로 부러웠다. 특히 그들은 위대한 교육사상가들의 이름을 걸고 학교를 운영하면서 그들의 뜻과 철학을 학교 현장에서 구현하고 있었다. 우리가 익히 알고 있는 프레네학교가 그렇고, 루돌프 슈타이너의 자유교육을 실천하는 발도르프학교가 그러하며, 몬테소리학교가 그랬다. 어디 그뿐인가? 러시아에는 톨스토이학교가 있고, 덴마크에서는 그룬트비의 사상이 큰 영향을 끼쳤다. 전인교육론을 펼친 러시아의 수호믈린스키와 야누슈코르착도 많이 알려져 있다.

이처럼 교육사상가들의 철학과 그 철학에 따라 운영되고 있는 학교를 소개한 책도 제법 많고, 그분들의 철학과 사상을 공부하는 분들도 많다.

프레네 철학으로 운영하고 있는 미머(mimer)학교에서는 교장이 일부러 시간을 내어서 프레네의 교육철학과 삶에 대해 20여분 동안 안내를 해주었을 정도로 자부심이 대단했다. 그런 철학과 자부심이 바로 그 학교의 전통과 역사를 만들어가는 것이 아닐까 싶었다.

우리나라에도 발도르프학교가 있고, 프레네나 몬테소리 사상을 연구하는 사람들도 제법 있다고 알고 있다. 이처럼 또렷한 철학을 교육공동체가 함께 공유하고 실천한다면 교육의 효과를 더욱 높일 수 있을 것이다.

그런데 나는 북유럽 학교 탐방을 하는 내내, 그리고 한국에 돌아와서도 한 가지 의문이 떠나지 않았다. 그것은 '왜 우리는 우리의 교육사상가를 제대로 평가해주지 않고, 찾아내서 알리려는 노력도 하지 않을까?'였다. 지나친 해석일 수도 있겠지만 우리 것은 대체로 낮게 보고, 다른 나라의 것은 더 높게 생각하는 것은 아닐까 하는 마음이 가시지 않았다. 물론 프레네나 루돌프 슈타이너, 몬테소리, 그룬트비, 수호믈린스키 같은 교육사상가들을 낮게 평가하는 것이 아니다. 근대교육을 한 단계 발전시키고, 오늘날까지 이어지는 훌륭한 사상을 펼친 분들임을 결코 의심하고 싶지 않다. 또한 그분들의 철학이나 원칙이 세계 어느 나라를 가든 보편타당한 진리라는 사실에도 토를 달고 싶지 않다. 다만 우리 역시 우리만의 교육사상가들을 찾고, 우리만의 빛깔을 찾을 수는 없을까 하는 아쉬움이 크다.

역사가 긴 나라는 그 민족만의 문화와 토대, 정서, 환경이 있고, 그 속에서 교육에 대한 생각이나 철학을 도드라지게 펼친 분들이 있다. 우리나라도 마찬가지다. 그럼에도 우리는 우리만의 교육철학과 사상을 연구하고, 그 철학만의 빛깔을 찾는 노력을 충분히 하지 않았다.

세계화 시대에 이런 생각을 하는 나를 속이 좁고 옹졸한 국수주의라고 생각하는 분이 있다면, 우리나라의 교육사상가를 찾는 노력도 해보시라는 말씀을 드리고 싶다. 다 열거할 수는 없지만 다산 정약용이 있었고 권근, 이황, 이이가 있었으며 가까이는 도산 안창호 선생도 있었다. 그리고 최근에는 이오덕 선생이 있었고, 살아계신 분으로는 김수업 선생도 있다. 하지만 교육학을 깊이 공부하는 사람들이 아니라면 그분들의 교육철학을 제대로 소개한 책을 만나본 적은 거의 없을 것이다.

여러 사람들이 우리나라 교육사상가들의 철학과 생각에 대해 알 수 있도록 널리 알렸으면 좋겠다. 그리고 그분들의 이름을 걸고, 그분들의 철학과 원칙, 가치를 실현할 수 있는 학교가 있었으면 좋겠다. 정약용학교, 이황학교, 안창호학교, 이오덕학교, 김수업학교……. 다행히 충북 충주 무너미 마을에는 이오덕학교라는 이름을 건 대안학교가 운영되고 있지만, 우리나라의 교육사상가들을 재조명하는 좀 더 노력이 필요할 듯싶다.

생각과 철학을 밝히고, 그것을 실천하는 것은 우리들의 몫이다. 우리 민족은 예부터 외국의 것을 배척하지 않고, 잘 받아들이는 열린 마음을 가지고 있었다. 외국의 좋은 교육사상을 받아들이는 것도 반대하지 않는다. 다만 우리의 것을 찾고, 좋은 생각들은 나누었으면 좋겠다.

위대한 종교가나 철학자들이 서로 통하듯이 우리나라의 위대한 교육사상가의 생각과 철학을 쫓다보면 유럽의 교육사상가들이 밝혀놓은 생각이나 철학과 비슷한 점을 찾을 수 있을 것이다.

앞에서 밝힌 것처럼 장승학교의 일하기(체험) 중심 교육과정은 이오덕 선생이 밝힌 철학과 사상을 바탕에 깔고 있다. 이오덕 선생은 삶의 교육을 위해 일하기(겪기)와 교육, 베껴 쓰기, 사랑과 자유, 교사와 자유의지, 아이들의 삶 따위를 여러 책에서 밝혔다. 이러한 뜻을 실현하기 위해 학교에서 쓰는 말과 학급 문집 등 학교 문화에 대해서도 학교 구성원들의 동의를 구하고, 교육과정에 담은 것이다.

최근 많은 혁신학교에서 어떤 철학으로 어떤 가치를 실현할 것인지를 고민하면서 또렷한 철학을 세우기 위해 노력하는 것으로 알고 있다. 바람직한 일이다. 다만 우리나라 교육사상가들이 밝혀놓은 철학과 사상도 살펴보는 노력을 했으면 좋겠다. 단순히 우리의 과거 철학을 쫓자는 것이 아니라 우리가 나고 자란 토양의 빛깔을 살피자는 것이다. 그들이 고민했던 지점은 무엇이고, 어떤 가치를 실현하고자 했는지 살피면서 체계를 세워가는 것도 나름 뜻있는 일이 아닐까 싶다.

어쨌든 유럽 학교를 다니면서 정약용학교, 안창호학교, 이오덕학교가 우리나라에도 여러 곳 생기면 얼마나 좋을까 하는 마음이 더욱 간절했다.

● ● 일하기가 기본이 되는 교육

엄마 발 씻겨드리기 / 문승일(장승초 6학년)
오늘 엄마 발을 씻겨드렸다.
엄마의 뒤꿈치에 굳은살이
많이 있었다.
나랑은 굳은살이 비교도 안 된다.
엄마의 굳은살은
얼마나 일을 해야 생길까?
나와 비교가 되지 않는
엄마의 굳은살.
(2012. 4. 24)

'일하기'라고 하니까 무조건 아이들을 햇볕 따가운 밭이나 논, 들판으로 내
보내는 것을 생각하는 분이 있을지 모르겠다. 하지만 이오덕 선생이 말씀하
신 '일하기'는 넓은 의미의 '몸으로 겪기' 전부를 말한다. 이를 다른 말로 하
면 '세상 살아가기'와 같다. 집에서 어머니의 설거지나 집 청소를 도와드리는
것도 일하기이고, 아버지의 심부름을 하거나 어깨를 주물러드리는 것도 일

하기가 될 수 있다. 몸으로 움직여서 뜻있는 일을 하는 것은 모두 일하기다.

하지만 요즘은 잘못된 사회풍토 때문에 힘든 일을 하지 않기 위해서 공부를 한다는 식으로 교육이 이루어지고 있다. 몸을 움직이지 않고 편하게 살기 위해서 공부를 한다? 무언가 한참 잘못되었다. 평생 아이들 교육에 헌신한 이오덕 선생은 일찍이 《참교육으로 가는 길》(1990)에서 일과 공부와 놀이가 다르지 않음을 밝혔다.

사람들은 흔히 엄청난 착각을 한다. 그것은 일을 안 하고 편안하게, 편리하게 살아가는 것이 삶의 목표라고 말이다. 그래서 일을 하는 것도 장차 일을 안 하기 위해서 그 준비로 어쩔 수 없이 참아 가면서 하는 것이라고 말이다. 그러나 이것은 이만저만 잘못된 생각이 아니다.
사람이 일을 안 하면 그때는 죽는다. 죽어서야 일을 안 하게 된다. 살아 있는 한에는 일을 안 할 수 없다. 일을 안 하면 그 몸과 마음이 병든다. 편안하게 살아가는 사람치고 건강한 사람은 절대로 없다. 또 편하게 산다는 것이 한갓 환상이다. 편안하게 보이는 것은 남의 삶을 멀리서 바라보았을 때지, 거기 살고 있는 사람은 편안이 없다. (이오덕, 1990: 24)

양복에 넥타이를 매고 의자에 앉아 서류 정리를 하는 사람들은 성공한 삶을 사는 것이고, 몸을 움직여 들판에서 일하는 사람들은 성공하지 못했다고 생각하는 경향이 있다. 몸을 부지런히 움직이고 그 대가로 돈을 버는 것을 자랑스럽게 생각하지 않는다. 이것은 곧 우리 사회가 '일'을 어떤 시각으로 보고 있는지 보여주는 단적인 예다. 이런 잘못된 시각이 아이들 교육에도 영향을 주어서 앞으로 노동자나 농부가 되겠다는 아이들은 거의 찾

학교가 돌아왔다

아볼 수 없다.

일하기는 장승 교육과정의 핵심 가운데 하나다. 아이들과 일주일에 한 번씩 청소하는 시간을 정하고, 교실은 되도록 아이들 스스로 청소를 할 수 있도록 하고 있다. 뿐만 아니라 학년별로 밭을 나누어서 아이들이 키우고 싶은 식물을 정하고 모종을 사서 심는 것부터 키우는 것, 거두는 것까지 아이들이 스스로 할 수 있도록 돕는다. 물론 학년별로 일을 하는 양은 다르다. 고학년으로 갈수록 고랑을 만드는 등 텃밭 관리에 좀 더 많은 시간을 내야 한다.

군이 논을 빌려서 아이들과 함께 모내기를 하는 까닭도 아이들의 느낌을 키우고자 함이다. 충분히 기계로 할 수 있는 세상에 '구태여 손모를 심을 필요가 있어?' 하고 생각하는 분들도 있는 줄로 안다. 하지만 볍씨가 자라서 모가 되고, 그 모를 논에 심고 우렁이 농법으로 크는 것을 보면서, 그리고 한 해 동안 논에 물을 대고, 관리해서 가을에 벼가 되는 한살이 과정을 겪는 것은 돈 주고도 살 수 없는 값진 경험이 아닐까?

모내기를 하고 / 송채인(장승초 6학년)

오늘은 모를 심는 날이다. 논을 보니 헐~ 정말 넓다. 저번에는 그리 넓어 보이지 않던 논이 왜 이렇게 넓어 보일까? 정말 막막했다. 처음에는 앞에 있던 애들이 논에 안 들어가고 꾸물꾸물대서 "빨리 들어가! 어차피 들어갈 건데."라고 했는데 막상 내 차례가 되니 들어가기 싫었다. 딱 들어갔을 때 애들이 공통으로 하는 말 "으악~."을 나도 하고 말았다. 소똥 밟는 느낌이다. 끈적끈적 물컹물컹.

현아가 "된장국 같다."고 했는데 들어가니까 된장국 느낌은 나지 않았다. 모를 3~5개씩 엄청 열심히 심고 심다가 허리가 정말 아팠다. 그런데 일부러 "허리 아프다. 아악~." 하면 킹콩샘이 "또 또 또 또 저런다."고 할까 봐 말 안 했다.

"쉬고 싶어요. 쉬고 싶어요." 애들이 샘들한테 말하니까 교감선생님이 "스무 발 가서 쉬자." 한다. 헐~. 스무 발이 너무 길다. 한 백 발 간 듯 열심히 했는데 교감샘 하는 말, "여덟 발이다." 정말 슬펐다. 그래도 샘들이 "20분 쉬어라." 하셨다. 그래서 물로 씻었는데, 또 흙을 밟아야 했다. 좀 짜증이 났는데 오오 간식! 새참! 그때는 너무 배고파서 뜨거운 줄도 모르고 집었다가 데일 뻔했다. 수박도 달콤하고 시원해서 여섯 조각이나 먹었다. 일하고 먹는 음식은 언제나 꿀맛이다.

더 쉬고 싶었는데 일은 끝마쳐야 한다. 그 진흙탕 물은 생각만 해도 느낌 때문에 들어가기가 싫다. 물이 점점 빠지고 있는데 더 끈적거릴 것을 생각하니……. 그래도 들어가야 할 운명이니 그냥 들어갔다. 예상대로 끈적끈적 질퍽질퍽. 발은 씻으면 되지만 너무 진흙 같다. 그래도 계속했다. 내 옆의 인겸이가 사람들 안 보는 사이에 너무 모를 한 뭉텅이씩 심기에 "너무 많잖아." 했더니 자신도 찔렸는지 다시 떼어서 심었다. 킹콩샘이 "급하게 하지 마." 계속 말했는데도 너무 힘들어서 나도 몰래 모 수가 5개가 넘었다. 근데 "뒤로 물러나." 소리에 나는 숙제를 할 수 있었다. 나 자신을 보는 숙제 말이다.

끝까지 6학년을 돕고 손, 발 씻고 학교에 오니 기분이 좋다. 지금 발바닥은 조금 찢어졌어도 뿌듯하다. 몸이 나른 나른하다. 졸리다. (2012. 6. 5)

이렇게 몸으로 겪고 자란 아이들은 마음도 건강하다. 모를 심으면서 내 옆의 동생을 살피기도 하고, 몸이 힘들다는 것을 느끼기도 한다. 그리고 모를 심는 논의 질퍽질퍽한 느낌도 경험해본다. 일을 하고 먹는 새참은 그냥 먹는 음식과는 차원이 다르다. 으레 힘들게 해낸 일이 기억에 오래 남듯, 아이

　　　　　　　　　　　　　　　学校가 돌아왔다

들은 어른이 되어서도 모내기를 했던 경험을 기억할 것이다.

봉사활동도 '몸으로 겪는' 활동의 하나이다. 한 해에 네 번을 갈 때도 있고, 두 번을 갈 때도 있다. 학교에서 10여 분 거리에 있는 선교원과 자매결연을 맺고, 일정한 날을 정해서 찾아간다. 어르신들은 장승학교에서 간다고 하면 무척 반가워하고 좋아하신다. 아이들 얼굴을 기억하고 손을 꼭 잡기도 하고, 어떤 할머니는 아이들이 착하고 귀엽다며 용돈을 주시기도 한다. 무엇보다 단순히 공연만 하고 오는 것이 아니라 어르신들 어깨도 주물러드리고 한참 동안 말벗이 되어드리기도 한다. 요양원에 계시면 이야기를 많이 못해서 더욱 말벗이 그리운 듯 아이들이 말동무가 되어주면 환한 얼굴로 웃으며 좋아하신다.

봉사활동 / 이다인(장승초 6학년)

장승초에 와서 마지막 봉사활동이다. 나는 바이올린 공연을 한다. 그리고 원래 윤민이 하기로 했던 '책 읽어주기'를 하린이와 함께했다. 민이는 아침부터 배가 아파서 못하겠다고 한다.

책과 바이올린을 챙기고 버스에 탔다. 가면서 하린이와 책 읽어주기 연습을 했다. 갑작스럽게 맡은 일이라 실수를 할 것 같아서 미리 연습을 한 것이다. '범아이'라는 전래동화인데, 하린이가 해설을 읽고 나는 대사를 읽었다.

바이올린은 '10월의 어느 멋진 날에'와 '오버 더 레인보'를 한다. 그 곡을 한 지 오래되어 잘 생각이 안 나서 점심시간에 연습을 했다. 그래도 실수할 것 같아서 떨렸다.

드디어 도착. 건물에 들어가니 할머니 할아버지들이 많이 모여 있었다. 처음에 들어갈 때는 긴장되지 않고 괜찮았는데 할머니 할아버지가 모여

계신 방에 들어가니 살짝 떨렸다. 바이올린 할 때 틀릴 것 같아서 불안했다. 그래도 바이올린 순서가 마지막이어서 조금 마음이 놓였다. 리코더와 첼로가 끝나고 책 읽어주기 차례가 되었다. 설레는 마음으로 앞에 나갔다. 의자에 앉아 책을 폈다. 다행히 버스에서 연습을 해놔서 잘 읽었다. 그러다 마지막 대사를 하린이가 읽는 바람에 조금 당황했지만 다행히 티가 안 나서 잘 끝났다. 처음에는 할아버지, 할머니들이 책 읽어주기를 별로 좋아하지 않을 것 같았는데, 막상 읽어드리니까 잘 들어주셨고, 재미있었다.

그 다음 차례는 바이올린이다. 1~4학년 바이올린이 끝나고 이제 우리 차례. 나는 '10월의 어느 멋진 날에'가 불안했지만 앞으로 나갔다. 처음의 '오버 더 레인보'는 순조롭게 끝났다. 그리고 '10월의 어느 멋진 날에'를 연주했다. 그래도 연습을 해서 그런지 처음에는 잘 됐다. 그런데 중간에 음을 놓쳐서 작은 소리로 하는 척만 하다가 다시 따라 잡았다. 다행히 알아보는 사람이 없었다.

거의 끝나 갈 때 남자 애들 쪽에서 조금 박자가 빨리 나갔지만 어쨌든 잘 끝났다. 곡이 끝나니 큰 박수소리가 났다. 반응이 좋으니 기분도 좋아졌다. 무엇보다 할머니, 할아버지들이 즐겁게 봐주셔서 좋았다. 어깨 주물러 드리기가 끝나고 돌아갈 때는 어깨에 멘 바이올린이 그날따라 가볍게 느껴졌다. 중학교에 가서도 이런 봉사활동을 많이 했으면 좋겠다. (2013. 10. 30)

어떤 활동이든 오랜 기간 꾸준히 실시하면 더욱 효과가 크다. 봉사활동도 일회성으로 끝나지 않고 꾸준히 하는 것이 무엇보다 중요하다. 벌써 네 해째 하고 있는데, 처음 가는 1학년 아이들을 빼고는 아이들도 봉사활동 가는 것을 기대한다.

학교 철학에 따라 이런 활동을 꾸준히 하면서 아이들은 조금씩 성장을 한다. 무엇을 하느냐도 중요하겠지만 구성원들이 어떤 철학에 따라 왜, 어떻

학교가 돌아왔다

게, 어떤 마음으로 하느냐가 무엇보다 중요하다. 일하기(겪기)는 장승 교육과정의 핵심 중 하나다. 아이들은 몸으로 직접 겪으면서 머리로 이해하는 것과는 다른 깊은 체험을 하게 된다. 그렇게 성장해 가는 아이들을 지켜보는 것은 교사로서 참 행복하고 뿌듯하다.

● ● 몸으로 겪고, 나를 표현하다

비 오는 날의 여러 가지 느낌 / 이가현(장승초 3학년)

맨발로 운동장을 걷는다.

발이 따갑다.

발로 자갈을 차는 듯이 걸으니

촤르르 하고 예쁜 소리가 난다.

그렇지만 자갈은 따갑다.

웅덩이로 들어가니

참 신기하게 자갈이 부드럽다.

발가락으로 물을 휘저으니

물웅덩이가 신기한 모양을 만든다.

마치 할머니의 뽀글머리 같다.

그때 바람이 내 머리를 쓰다듬어 주었다.

물을 발가락으로 살짝 치니

착! 하고 소리가 들리고

발가락에 있던 물방울이 물웅덩이에 떨어지니

퐁! 하고 울리는 것 같다.

따갑긴 하지만 소리는 예쁘다.

(2014. 7. 18)

110

비 오는 날, 맨발로 운동장을 걷는 장면을 상상해보라. 발바닥에 전해지는 느낌과 빗소리, 바람소리……. 학교 교육에서 우리는 온전히 자연을 느낄 수 있는 시간의 여유와 기회를 가지고 있는가? 늘 진도에 쫓기듯 살지 않았는가?

학교 교육의 중심은 아이들이라고 늘 이야기하지만, 정작 아이들이 무엇을 원하는지, 아이들에게 필요한 것이 무엇인지, 우리가 하고자 하는 것을 아이들과 제대로 나누고 있는지 의문이 들 때가 많다.

아이들의 느낌은 이 시처럼 살아있다. 바람과 비, 소리, 흙을 온전히 느끼고 글로 표현할 수 있다. 이렇게 몸과 마음으로 제대로 느낄 수 있어야 건

강하게 자라지 않을까? 장승 교육과정에서 겪기를 아주 중요하게 생각하는 이유는, 몸과 마음의 문제를 제대로 풀어나가지 못하면 삶의 문제도 제대로 풀어나갈 수 없기 때문이다. 몸으로 겪는다는 것은 마음의 속살을 채우는 것과 크게 다르지 않다. 몸은 마음을 표현하는 통로이고, 몸과 마음은 하나로 맞닿아 있기 때문이다. 하지만 마음은 보이지 않으므로 실제로 몸과 맞닿아 있다는 것을 눈으로 확인할 수는 없다.

몸과 마음의 문제를 글로써 명확하게 밝혀놓은 분은 바로 김수업 선생이다. 그는 《김수업의 우리말 사랑 이야기 말꽃 타령》(2006)에서 '마음의 속살'을 우리말로 잘 풀어놓았다.

"마음의 속살은 느낌과 생각과 뜻이라는 세 낱말로 뜨레를 이루어 있다. 이들 낱말의 속뜻을 잘 살피면 마음의 속살을 알아볼 수 있다. 느낌은 춥고 덥고, 밝고 어둡고, 시끄럽고 고요하고, 쓰고 달고, 매캐하고 향기롭고, 이런 것들이다." (김수업, 2006: 15)

그는 또한 '생각'에 대해서도 아래와 같이 뚜렷하게 밝혔다.

"생각은 알고 모르고, 같고 다르고, 맞고 틀리고, 참되고 그르고, 옳고 외고, 이런 것을 가려낸다. 이런 생각도 몸에 말미암지만 느낌보다는 몸에서 한결 멀리 떨어진 마음의 속살이다. 이것은 느낌을 가라앉히고 간추리고 갈무리하면서, 또는 그런 다음에 빚어지는 마음의 움직임이다." (김수업, 2006: 16)

학교가 돌아왔다

또 마음 가운데 몸과 가장 멀리 떨어진 깊은 곳에 있는 '뜻'에 대해서도 다음과 같이 풀어주었다.

"뜻은 느낌과 생각을 지나 좀 더 마음의 한가운데로 들어가면 거기 자리 잡고 있다. 뜻은 마음의 한가운데 자리 잡고 있어서 껍데기인 몸과는 그만큼 멀어졌다. 뜻은 생각을 끌고 가는 힘이기도 하다." (김수업, 2006: 16)

몸과 마음은 따로 떨어져 있기도 하지만 연결되어 있다. 결국 느낌은 몸과 가장 가까운 마음과 다르지 않다. 다시 말하면 눈, 귀, 코, 혀 따위의 몸의 부분들이 몸 바깥의 좋은 것들을 받아들이면 좋은 느낌이 쌓이는 것이다. 하지만 몸으로 겪고 마음으로 느낀 것을 담아낼 수 있는 것은 결국 말과 글이다.

계절을 온몸으로 느끼면서 살기에도 참 바쁜 세상이다. 더군다나 학교에서는 아이들과 함께 봄이면 봄에 맞게, 여름이면 여름에 맞게 계절을 온몸으로 느끼는 것이 참 만만하지 않다. 하지만 시골은 도시와 달리 계절을 느끼고 함께 나누기에 참 좋다. 계절을 오감으로 느끼면서 시를 쓰고 싶을 때도 있다. 초등학교 아이들이 계절을 온몸으로 느끼면서 자랄 수 있다면 마음의 결을 더 멋지게 가꿀 수 있으리라.

학년 초에 학교 둘레로 나가 냇가에 가장 먼저 피어나는 버들강아지로 봄을 느끼고, 여름에는 퍼붓듯이 쏟아지는 빗줄기를 느껴보고, 가을에는 깊은 단풍의 정취를 느끼고, 겨울에는 하얀 눈의 포근함과 신비함을 느낄 수 있다면 아이들 마음도 그만큼 자랄 수 있겠지. 실제 아이들이 수업을 통해 봄과 여름을 어떻게 겪고 느꼈는지 함께 보자.

〈봄〉 버들강아지로 시 만나기

와, 봄이다. 지난주까지 눈이 와서 추웠는데, 금세 봄이 온 느낌이다. 밖으로 나가고 싶은 마음이 굴뚝같다. 오늘 1묶음을 밖에 나가 버들강아지를 보면서 봄을 느끼기로 한 내 계획은 정말 완벽했다. 아침까지만 해도 말이다.

평소처럼 보이차를 끓이고 있으니 선후부터 시작해서 아이들이 하나둘 들어오기 시작한다. "안녕?" 하고 인사를 했지만 아이들은 찻상에서 보이차를 마시는 나를 보는 둥 마는 둥 하고는 그냥 자기들 하고 싶은 것을 하네?

일부러 차 마시라는 소리도 하지 않았다. 교실 뒤편은 지난 주 다모임을 하고 아이들이 난리를 쳐놓은 덕에 난리판이다. 김밥 쪼가리며 랩, 기타 쓰레기들이 너저분하게 널려있다. 바둑을 두다 만 자리도 그대로다. 내가 치울까 하다가 아이들을 시험하고픈 이놈의 못된 교사 본능에 따라 그냥 지켜보기로 한 것이다.

역시나 아이들은 어지러운 교실에는 아무런 관심이 없고 당연히 자신의 일을 하고 있다. 나는 차를 마시고, 아이들은 아이들대로 자기 하고 싶은 것들을 하고. 어쩔까, 생각하는데 금세 전주 아이들이 도착했다. 이 아이들 역시 내가 반갑게 인사를 해도 받는 둥 마는 둥하고 동무들과 어울려 놀기 바쁘다. 차를 마신 녀석은 7~8명 정도? 마셨으면 잔이나 좀 씻지. 그냥 두는 녀석도 있다.

가만히 지켜보고 있으니 끝이 없다. 시계를 보니 벌써 9시 10분. 오늘도 '축구생각' 읽어주기는 다 틀렸다. 에이 나도 모르겠다. 애들 분위기나 깨야지.

"애들아~."

"애들아~."

아이들은 떠드느라 반응도 없고, 날 쳐다보지도 않는다. 다시 큰 소리로 "애들아~ 날 좀 봐." 하고 불렀다.

그제야 '왜 큰 소리로 우리를 부르는 거야?' 하는 표정으로 날 바라본다. 그래 미안하다. 방해해서.

"너희들 지난 주 금요일에 이 교실에서 놀았지?"

"저는 안 놀았는데요?"

논 아이도 있고, 안 논 아이도 있다.

"근데 말이야, 혹시 돌봄교실 가봤어? 우리 한번 같이 가볼까?"

아이들과 함께 간 돌봄교실은 난리 5분 전이었다. 아이들은 마치 자기가 한 짓이 들통이라도 난 것처럼 누구랄 것도 없이 빗자루를 들고 쓸고, 정리를 시작한다. 한참을 정리하고 교실로 들어왔다.

"교실도 난린데 어떡하지?"

아이들이 금세 뒤를 정리하기 시작한다. 한참을 정리하고 나니, 벌써 10시가 다 되었다. 휴~~. 어질러진 교실은 그냥 두고 밖으로 나갔어야 했는데……. 아이들과 함께 나가서 즐겁게 버들강아지도 보고, 이야기도 나누고 했으면 얼마나 좋았을까?

늦었지만, 그래도 해야지. 우선 아이들에게 봄에 대해 물었다.

"얘들아~ 봄, 하면 떠오르는 건 무엇이 있을까?"

아이들은 저마다 손을 들고 말을 하기 바쁘다.

"꽃전이요." "연한 풀이 생각나요, 벚꽃도 생각나고요." "히히, 내 생일이요." "놀이공원에 꽃이 엄청 많잖아요." "전 '호랑나비' 노래가 생각나요." "새날이요. 새로운 것이 시작되니까." "벚꽃나무와 벌이 떠올라요 그리고, 래미가 산에 갔는데 그리워요." "3령 애벌레요. 지금이 딱 그때예요." "잠자리요." "봄나물이요." "벌과 나비요." "저는 효원이 언니랑 대나무 아지트에서 차를 마시는 모습이 떠올라요." "여행이요." "개나리요."

정말 봄은 아이들에게 무한한 상상력을 주는구나. 아이들은 거침없이 생각나는 대로 봄에 대해 이야기한다.

"킹콩은 봄 하면 꽃이 생각나. 그 가운데에서도 가장 먼저 봄소식을 알려주는 것이 생각나. 냇가에도 흔히 보이고."

"그게 뭔데요?"

"혹시 버들강아지 알아?"

"저 알아요."

유진이가 아는 척을 한다. 하지만 모르는 아이들이 더 많다.

"버들강아지가 뭔지 궁금하지? 시를 한 편 읽어줄게."

《일하는 아이들》에 나오는 '버들강아지'(안동 대곡분교 3년 김종철)를 읽어주었다. 아이들은 시를 듣고서도 버들강아지가 무엇인지 모르니 마음에 닿지 않는 눈치다.

"시간도 얼마 안 남았으니 얼른 밖으로 나가자."

아이들은 신이 나서 밖으로 나간다. 학교 뒷길을 따라 뛰기도 하고, 걷기도 하면서 간다. 봄바람이 시원하다. 덥다는 아이도 있다. 정말 봄이다. 한참을 가다 보니 우리 학교 논 옆 냇가 건너편에 버들강아지가 보인다. 다리를 지나 버들강아지 쪽으로 걸어갔다.

"애들아, 니들이 한번 버들강아지 찾아볼래?"

아이들은 "이거요?" "저거요?" 하는데, 전혀 모르는 눈치다. 아까 아는 척했던 아이들도 사실은 모르는 모양이다. 한참을 기다렸다 아이들에게 가르쳐주었다.

"이게 버들강아지야."

"우와, 정말 강아지 꼬리처럼 생겼네."

"보들보들해요."

아이들은 볼에 부비기도 하고, 신기한 듯이 만져보기도 한다. 버들강아지에 물이 올랐는지 보여주기 위해 가지를 하나씩 꺾어 주었다. 장승이 추워서 그런지 아직 물이 올라오지 않아 아쉬웠지만, 그래도 아이들은 신기한 듯 부모님께 갖다 드린다고 한다. 아이들은 더 놀자고 난리였지만 아쉬움을 뒤로 하고 논길을 따라 교실로 들어왔다.

"오늘 버들강아지에 대해서 보고, 듣고, 겪었지? 그리고 신기한 것도 있었지? 이제 버들강아지를 다시 떠올려보자. 그리고 저마다 그걸 몸으로 표현해보면 어떨까?"

아이들은 저마다 버들강아지를 떠올렸다. 아마도 아이들마다 다른 느낌의 버들강아지일 것이다. 그리고 자리에서 일어나 버들강아지를 몸으로 표현했다. 강아지 털처럼 보드라움을 표현하는 아이도 있고, 버들강아지가 바람에 날리는 모습을 표현하는 아이도 있다. 몸으로 표현하고 나서는 글쓰기다. 아이들은 금세 연필을 잡고 시를 쓰기 시작한다.

버들강아지 / 배소영(장승초 3학년)
버들강아지, 버들강아지
기었다.
강아지 꼬리 같다.
만져보니 간지럽고
부드러웠다.
(2014. 3. 17)

버들강아지 / 이가현(장승초 3학년)
난 오늘 버들강아지를 처음 보았다.
처음에는 진짜 강아지인 줄 알았다.
처음 보니 신기했다.
보들보들 보들보들
생김새가 강아지풀과 비슷하다.
나뭇가지에 강아지풀과 비슷한 게
달려 있다.
부드러웠다.
(2014. 3. 17)

학교가 돌아왔다

버들강아지 / 박성현(장승초 3학년)
친구들이랑 버들강아지를
처음 보았다.
부드럽다.
강아지 꼬리랑 비슷하다.
볼에 대면 간지럽기도 하고
조금 까칠하기도 하고
부드럽기도 하다.
기분이 좋았다.
집에 가져가려고 챙겼다.
교실에 올 때 황소개구리를 보았다.
(2014. 3. 17)

버들이 / 최유진(장승초 3학년)
버들이는 보들해요.
애기 같아요.
평생 같이 있고 싶어요.
(2014. 3. 17)

버들강아지 / 조운주(장승초 3학년)
버들강아지를 봤다.
볼에 부비면 보들보들
가지째 만져보면
매끈매끈
꼭 울리 꼬리 같다.
(2014. 3. 17)

이럴 줄 알았으면 교실 청소하지 말고 그냥 신나게 나갔다 올 걸, 후회를 했지만 이미 늦었다. 아이들에게 미안하다.

위 시는 버들강아지를 보고 자세히 살핀 것을 그대로 쓴 것이다. 역시 아이들이 삶에서 겪고 그것을 글로 쓰는 것 이상이 없다. 아이들은 어른들보다 훨씬 직관력이 뛰어나서 자신이 겪은 것들을 순간의 직관으로 멋지게 시로 표현할 수 있다. 아이들에게는 책으로 배우는 지식보다 삶에서 배우는 경험이 더 큰 공부가 된다. 오늘도 나는 아이들을 보며 다시금 깨닫는다.

〈여름〉비 오는 날, 맨발로 운동장 걷기

아이들은 비 오는 날을 무척 싫어한다. 비가 오면 밖에 나가 놀 수가 없기 때문이다. 장승 아이들도 비 오는 날이면 왠지 더 수선스러워 보이고, 안절부절못하는 것처럼 보이기도 한다. 장마가 한참 지났는데, 오늘도 비가 온다. 아이들은 학교에 오자마자 창문을 닫고 무서운 이야기를 해달란다. 그나마 비 오는 날의 좋은 점이란 무서운 이야기를 듣는 것?

아이들의 애타는 외침을 무시할 수 없어 창문 커튼을 다 가리고, 교실 불을 끈 다음 무서운 이야기를 한다. 무서운 이야기가 어디서 샘솟는 것도 아니니 주로 내가 지어낸 이야기다. 어디서 주워들은 이야기와 내가 생각한 것 그리고 경험한 것 가운데 무서운 것들을 섞어서 들려주는 것이다.

무서운 이야기가 끝나고 나서 느닷없이 아이들에게 제안을 했다.

"우리, 밖으로 나가볼까?"

"에이, 비 오잖아요. 그냥 비 맞아요?"

"아니, 우산 쓰고 맨발로 운동장을 걸어보려고."

"우와, 좋아요."

비 오는 날, 교실에서 공부하는 것보다는 밖에서 맨발로 걷는 것이 훨씬 아이들 마음을 잡아당긴다. 양말을 교실에 벗어두고, 우산을 쓰고 밖으로 나갔다. 맨발로 운동장을 걸으면서 느껴보라고 했다. 아이든 어른이든 요즘은 맨발로 맨땅을 걸어보기가 쉽지 않다. 해수욕장의 모래 위를 걷는 것과는 또 다른 느낌이겠지.

물의 움직임이 눈에 들어온다. 하늘은 잔뜩 흐려 있고, 빗발이 친다. 발가락 사이에 느껴지는 빗물의 감촉이 색다르다. 물이 많이 고인 곳에 발을 담가보기도 한다.

"애들아, 눈을 감고 어떤 소리가 나는지 들어보자."

"발가락 사이로 느껴지는 빗물의 감촉은 어떠니?"

"조금씩 조금씩 운동장을 걷는 느낌은 어때?"

"순간 순간 느낌을 마음으로 간직해봐."

아이들은 장난기가 있으면서도 진지하게 운동장을 맨발로 걷는다.

10여 분이 지났을까? 아이들은 한참을 물장난에 빠져 있다. 어느새 운동장에다 우산을 던져버린 채 물을 튀기기도 하고, 물의 감촉을 느끼고 있다. 그렇게 한참을 놀았다.

이제 교실로 들어가자고 하니 아이들이 "더 놀면 안 돼요?" 한다. "다음에 또 기회가 있으면 나오자." 하고 얼른 교실로 들어왔다.

교실에 들어와 수건으로 발을 닦고, 양말을 신고 자리에 앉았다. 아이들은 빗물의 감촉이 좋았는지 이런저런 이야기를 주고받고 있다.

"얘들아, 눈을 감아볼까? 그때로 돌아가서 빗물의 감촉이 어땠는지 떠올려봐."

아이들은 운동장을 맨발로 거닐던 느낌을 가감 없이 내뱉었다. 그리고 몸으로 표현하기도 한다. 간지러운 느낌도 있고, 따가운 느낌도 있다. 그리고 얼른 공책을 꺼내 직관적으로 느꼈던 것을 쓰기 시작했다.

아, 오늘도 아이들과 또 좋은 경험을 했구나.

운동장 걷기 / 박선후(장승초 3학년)
맨발로 운동장을 걷는다.
따갑다.
따가우면서도
시원하다.
바람이 안 분다.
소리가 사과 먹는 소리다.
사각사각
갑자기 사과가
먹고 싶다.
(2014. 7. 18)

비 오는 날 / 손금결(장승초 3학년)
비가 쏴쏴쏴 온다.
운동장을 걸으니
창방창방 소리가

난다.
따갑고 아프고
폭신폭신하기도 하다.
(2014. 7. 18)

운동장 걷기 / 박성현(장승초 3학년)
공부시간에 친구들이랑
맨발로 걷는다.
교실을 나가면서부터
발이 따갑다.
비는 조금 온다.
운동장으로 가니
물웅덩이가 있다.
물웅덩이에 들어가면
부드럽기도 하고
발이 안 따갑기도 하다.
물웅덩이에
발이 푹푹 빠진다.
안개는 끼여 있고
물은 차갑다.
(2014. 7. 18)

　　우리가 잘 아는 북유럽의 선진 학교나 프레네·발도르프 학교에서 공통으로 하는 것 가운데 가장 많은 것이 바로 몸으로 표현하기였다. 그래서 연극이나 영화는 거의 필수였다. 아이들은 배운 것을 몸으로 표현하는 것을 즐긴다. 그렇다면, 몸으로 겪은 느낌을 글로 담을 수 있다면 몸으로 표현하는 것 이상이 되지 않을까?

무엇보다 우리 아이들에게 몸으로 겪을 수 있는 기회와 여유를 선물했으면 좋겠다.

●● 마을에서의 삶이 교육이다

이웃 / 박효원(장승초 6학년)
이웃이란
참 좋은 것 같다.
친하게 지내면서
이것저것 나누어 먹고
이것저것 같이 하고
다 같이 모여서 밥도 먹고
참 좋은 것 같다.
이웃이 없으면 허전한 느낌.
(2014. 6)

도시 아이들과 시골 아이들이 생각하는 이웃은 어떻게 다른 느낌일까? 도시에서는 '이웃'이란 말을 쓰기가 조금 어색할 듯하다. 서로 알고 지내는 이웃도 없고, 교류도 없으니 더욱 그럴 것이다.

시골에서 이사 온 지 두 해가 되어가는 효원이는 이웃이 없으면 허전한 느낌이 든단다. 시골생활을 해본 경험에서 나온 귀한 말이다. 그렇게 이웃과 나누며 사는 것은 학교 교육과는 또 다른 교육이다. 어르신들을 자주 뵙게 되면 그 속에서 자연스럽게 삶을 배운다.

서근원은 《공동체는 어디에 있을까?》(2013)에서 삶과 교육에 대해 이렇게 밝혔다.

기존의 교육의 개념이 안고 있는 한계를 극복하기 위해서는 교육과 삶의 관련을 동일한 차원에 분리되어 있는 별개의 활동으로 보지 않아야 한다. 즉 삶과 교육이 별개의 활동으로 따로 떨어져 있는 것으로 보는 것이 아니라 삶을 곧 교육으로 바라보는 것이다. (서근원, 2013: 312)

서근원의 말처럼 삶과 교육은 따로 떨어진 것이 아니라 삶의 과정에 교육이 자리 잡고 있다고 보아야 한다. 장승학교와 마을의 어울림도 그렇다. 단순히 아이의 학교 교육을 위해 이사를 온 것이 아니라 부모들의 삶의 가치 역시 중요하다. 그것 또한 교육의 연장선에 있기 때문이다.

학교 둘레로 이사 온 부모 가운데 학교를 선택하는 기준으로 '농업을 기반으로 한 마을'을 꼽은 분이 몇 분 있다. 그분들은 스스로 농사를 짓고 있거나 당장은 아니지만 조만간 농사를 지을 계획을 가지고 있다. 물론 부모가 욕심을 낸다고 다 되는 것은 아니지만 아이들도 농사를 지으며 살아가기를 기대하고 있다.

하지만 지금 상황은 그리 좋은 것이 아니다. FTA로 인한 시장개방과 농산물값 하락으로 농촌에서의 삶은 더욱 어려워졌다. 그럼에도 이분들은 머지않은 미래에 농업과 농촌이 아니면 제대로 된 삶을 가꿀 수 없다는 절박함을 공유하고 있다.

2013년에 장승학교 둘레에 있는 우정마을로 이사를 온 박정규·강미경 씨 부부도 귀농 부부다. 특히 박정규 씨는 집짓는 법을 손수 배우고 익혀서 자신의 집을 직접 지었다. 또 유기농법에 관심이 많아서 벼농사도 유기농법으로 짓고 있다. 이렇게 삶의 원칙을 지키면서 농촌에서 살아가려고 노력한다.

귀농을 희망하는 남편과 식구들이 상의 끝에 진안 백운 지역을 정착지로 선택하였습니다. 시골생활을 택한 큰 이유 중 하나는 자녀교육이었는데, 자유롭고 자연친화적인 주거생활에다 학교생활까지 하나가 되어야 의미가 있다고 판단했죠. 그리고 우리들의 이상에 가장 부합하는 장승초로 전학을 결심하였습니다. 집도 진안 백운면에서 장승초 근처로 옮겼습니다. 아이들도 얽매임 없이 생활하는 데 대해 매우 즐거워하고 기뻐하고 있습니다. 바라는 것이 있다면 지역의 학교로서 굳게 자리매김하였으면 하는 것입니다. 더불어 작은 학교로서의 가치를 잃지 않는 구성원의 지속적이고 철학적인 단련이 필요하리라 생각됩니다. (강미경, 박한결 엄마)

농업에 대한 또렷한 의식을 가진 분들이 귀농이나 귀촌을 하면서 '작은학교운동'을 하고 있는 학교와 마을이 서로의 노력에 의해 상생하는 경우가 많다. 하지만 한편에서는 뿌리가 얕은 학교도 보인다. 또 학교 둘레로 귀촌한 학부모들이 농업과는 별개로 마을을 형성하거나, 학교 둘레에 마을이 없어서 가까운 도시에서 등·하교를 하는 학교도 있다. 이렇게 되면 학교가 마을과 함께하지 못하고 동떨어진 채 존재하게 된다.

아이가 장승초를 졸업할 때까지 3년을 다니는 동안 달마다 교사와 학부모가 함께하는 다모임을 했습니다. 여기서 '부모교육'을 받으면서 아이를 바라보는 내 시선이 달라졌고, 올바른 자녀교육을 위해서는 부모교육이 우선되어야 한다는 걸 새삼 느끼게 되었습니다. 아이가 장승초에 다닌 지 일 년 반 만에 어렵게 학교 둘레로 이사를 와 자연과 더불어 살면서 큰 가르침을 얻게 되었죠. 비록 크고 화려하진 않더라도 나름대로 최선을 다해 생존하고 꽃을 피우는 들꽃들을 매일 아침 만나면서, 우리 아이 또한 자신만의 꽃을 피울 날이 있으리라는 믿음을 갖게 되었고, 부모는 아이를 믿고 기다려줘야 한다는 걸 느끼게 되었습니다. 장승초로 오지 않았다면 아이는 학원과 학교, 엄마의 잔소리로 힘든 나날을 보냈을 게 틀림없습니다. (안은경, 박소연 엄마)

안은경 씨는 신정리 서판마을로 이사를 와서 행복해 한다. 더불어 아이 또한 작은 학교의 장점인 선후배 간의 친밀한 관계 속에서 외동아이라는 단점과 외로움을 조금이나마 줄여 나갈 수 있었다고 한다. 또한 경쟁과 시험 점수로 평가받는 대신 아이들 각각의 성향을 이해해주는 선생님과 학교에 대한 자부심이 높아짐에 따라 아이의 자존감이 조금씩 회복되어 가는 것을 보면서 학교 둘레로 이사 온 것에 대해 만족하고, 공동체의 일원이 된 것을 자랑스럽게 생각한다. 특별히 학교에서 무엇을 해주기보다는 자연스럽게 마을에 동화되어 가면서 마을에서의 삶이 곧 교육이 됨을 느끼고 있는 것이다.

이태형·전태경 씨 부부는 경기도에서 살다가 얼마 전 세동리 우정마을로 이사를 왔다.

학교가 돌아왔다

그동안 상담했던 학교 중 장승초 선생님들이 가장 편안해 보였습니다. 다른 곳에서는 외부의 지나친 관심이나 업무 등에 지친 선생님들을 뵙기도 했습니다. 물론 선생님의 개인적인 성향이나 상황의 문제일 수도 있겠으나, 장승초는 시스템적으로 구성원들이 편안할 수 있는 조건이 갖추어진 것이 아닌가 하는 생각이 들었습니다. 인근에 진학할 수 있는 소규모 중학교가 있는 것도 좋았습니다. 앞일은 알 수 없겠으나 굳이 멀리 보내지 않아도 되는 상황이 주어진 것이 좋았습니다. 장승초에 기대하는 바는 사실 별로 없습니다. 그냥 지금처럼 자연스럽게 생활하는 학교가 되면 좋겠습니다. 교사도 학생도, 일도, 공부도 너무 힘들지 않게 하는 곳이면 좋겠습니다. 행복하자고 찾아온 곳이니까요.
(이태형, 이시현 아빠)

경기도에서 교사로 근무하던 이태형 씨는 아이들을 시골에서 키우고 싶은 마음에 고향인 전북의 혁신학교를 둘러보게 되었고, 그 가운데 우리 학교를 알게 되어 상담을 하고 이사를 했다. 장승학교에 대한 큰 욕심이나 기대가 아니라 학교 둘레에 마을이 있는, 편안한 분위기에 끌려 이사를 오게 된 것이다. 나 역시 우리 아이들의 행복만이 아니라 나와 아내의 행복도 함께 찾기 위해 이곳으로 이사를 했다. 따라서 모두가 행복하자고 찾아온 곳이라는 이태형 씨의 말에 절대 공감한다.

현재 마을 둘레에는 도자기, 목공, 서각을 하는 활동가들이 제법 있다. 이들은 지역 주민들 또는 아이들과 함께 문화예술작업을 하면서 소통하는 것을 중요한 목표 가운데 하나로 생각한다. 마을 속에서 자연스럽게 자신들의 삶을 펼치면서 둘레의 주민들과 공유를 하는 것이다.

원세동 마을에 사는 도자기 작가 이진욱 씨는 아이들이 집에 놀러오면 자신이 만든 도자기에 귀한 차를 담아 나누기도 하고, 도자기를 쉽게 배울 수 있도록 물레 돌리는 법을 가르치기도 한다. 또 주민들은 이진욱 씨의 집을 찾아 일상 속에서 예술작품을 만나기도 한다. 이렇게 아이들은 학교에서 해보지 못했던 다양한 예술 프로그램을 마을 속에서 참여할 기회를 갖는 것이다. 특히 닷새 동안 이루어지는 여름계절학교 때는 아이들과 함께 둘레 활동가들을 찾아 예술 체험을 한다.

마을에는 마을의 이야기가 있다. 마을의 이야기, 어르신들의 이야기를 듣고 나누는 것이 큰 교육이다. 이처럼 마을 속에 살면서 주민들과 마을 이야기를 나누다 보면 아이들 교육이 자연스럽게 될 것이고, 아이들은 투박하지만 건강하게 자랄 것이다. 그게 시골생활의 최고 매력이다.

학교가 돌아왔다

● ● 도대체 수업이 뭘까?

젓가락 콩집기 대회 / 유승민(장승초 3학년)
젓가락으로 콩을 집을 때
콩들이 무서워서
도망가는 것 같다.
콩들이 잡히면
기절하는 것 같고,
컵에 놓을 때는
힘없이
떨어지는 것 같다.
(2014. 5. 20)

  교사들 가운데는 늘 바쁘다는 분들이 많다. 희한하다. 몸과 마음의 여유
가 있어야 아이들도 그렇게 대할 것 같은데, 늘 바빠 보인다. 물론 나도 그
렇다. 나를 만나는 사람들도 마치 당연한 것처럼 인사 삼아 묻는다. "요즘
바쁘지요?"

  그런데 왜 바쁜 거지? 왜 이렇게 일이 많은 거야? 그런 생각을 하다 보면

마음이 답답하다. 그러면서 드는 생각이 바로 '업무'다. 많은 교사들이 정말 업무가 많다고 한다. 왜 교사가 그렇게 많은 일을 해야 하느냐고, 외국 학교에서는 한 해가 가도록 공문 한 건 처리하지 않는다는데 우리는 왜 고쳐지지 않느냐고 항변하기도 한다.

여기서 드는 생각 한 가지 더, 그럼 '업무'는 무엇을 말하는 거지? 물론 잡무다. 교사 대신 누군가 다른 사람이 할 수 있는 일이다. 사실 교사들 사이에도 논란이 많다. 우선 업무의 개념을 어디에 두느냐 하는 것에 대해서도 생각이 다르다.

한쪽은 아이들과 관련된 것들, 다시 말해 체험학습 계획을 세우고, 협의하고 준비하는 모든 과정이 업무가 아니라 교사로서 마땅히 해야 할 교육과정의 일부라고 본다. 반면 다른 쪽에서는 계획을 세우고 실행하는 과정에서 교사가 하지 않아도 되는 일들을 많이 하게 되는데 그런 부분을 줄여야 한다고 본다.

어쨌든 통 크게 그런 일마저 교사가 본래 해야 될 일이라고 쳐도, 그 외에도 해야 할 일이 참 많다. 헤어 나올 수 없는 공문의 덫이다. 지난해 내가 생산한 공문만 600건이 넘는다. 왜 이렇게 공문이 많은 거야? 어떤 때는 마치 푸념처럼 '교육지원청이 없었으면 좋겠어.' 하고 생각한 적도 있다. 교육지원청은 교사들을 도와주기 위해 존재하는 곳인데 때로는 그렇지 않은 부분도 있다.

교육지원청에서 내려오는 공문을 보면 굳이 교사가 하지 않아도 되는 일이 참 많은데, 교사들은 착실하게 그 공문을 다 처리한다. 요즘은 여러 사람의 역할을 나누어서 공문을 대신 처리해준다는 학교도 있고, 어지간한 공문은 교무실무사가 다 처리한다는 학교도 있다는데 아직 피부에 와 닿지는 않는다. 그러면서 또 드는 생각은 이런 공문이나 잡무 문제가 다 해결되면, 교사들은 정말 한가해지고, 아이들을 제대로 가르치면서 행복하게 지낼 수 있을까 하는 것이다.

가끔 교사가 정작 근본적으로 해야 할 일이 무엇인지에 대해 헷갈리는 경우가 있다. 더 안타까운 현실은 아이들과 함께 재미나게 수업을 하는 교사보다는 일을 잘하는 교사를 더 유능하다고 판단하는 경우가 많다는 점이다. 물론 수업도 재미나게 하고 다른 일도 잘한다면 뭐라 할 일은 아니다. 하지만 교사의 근본은 무엇보다 교실 안팎에서 아이들과 행복하게 지내는 것이 제일번이 되어야 한다. 하지만 실제 현장에서는 그렇지 못하다는 불편한 진실을 우리는 다 알고 있다.

학교에서, 수업이 아닌 일이 중심이 되어서는 안 된다. 공문 처리를 늦게 하더라도 아이들을 중심에 두어야 한다. 학교가 제대로 되려면 아이들에게 충실할 수 있도록 교사의 일을 줄여주어야 한다. 그런 근본 노력이 없이는 어떤 말도 모두 공염불이다.

변명하자면 장승학교에서의 첫해는 '폐교 수준 벗어나기'였다. 앞에서 이야기한 것처럼 이런저런 문제로 일주일에 2~3일씩은 늘 밤늦게까지 회의를 했다. 아직 체계가 잡히지 않은 것투성이였으니 회의 시간이 늦어지는 것은 당연했다. 몸은 피곤하고 힘들었지만 마음만은 즐거웠다.

2012학년도는 '새로운 학교 건축 도전하기'로 요약할 수 있다. 공사는 4월부터 시작했다. 건물을 운동장에 지었으니 학교는 온통 공사장이었다. 레미콘과 트럭이 지나다니고, 공사 소리가 시끄러웠다. 아이들이 뛰어놀 공간이라고는 뒤편에 있는 건물 옆 작은 공터가 전부였다. 그때는 아이들 체육을 위해 일주일에 한 번씩 진안공설운동장으로 갔다. 눈코 뜰 새 없이 바쁜 장승에서의 한 해가 그렇게 지나갔다.

바쁘기는 한데 무언가 마음의 허전함이 늘 있었다. 그렇다고 학교가 재미없거나 그런 것도 아니었다. 학교가 점차 자리를 잡아가는 모습에서 나름 보람을 찾았지만, '잘살고 있는 거야?'라는 물음에는 선뜻 대답하기 어려웠다. 아마 장승의 다른 선생님들도 그런 마음이었을 것이다.

2012학년도 1학기가 끝나갈 무렵 '우리가 장승에 왜 왔는지 모르겠다'는 이야기가 나왔다. 그러다 수업에 관한 좋은 연수교육이 있으니 들어보자는 이야기가 나와서 세 사람이 '배움의 공동체'와 '아이 눈으로 수업 보기', '프레네교육'을 듣기로 했다.

사실 우리는 장승이라는 학교에 오면 왠지 수업에 대해 더 고민하고, 깊이가 깊어질 것처럼 생각을 했던 것이다. 하지만 막상 와보니 다른 학교와 마찬가지로 늘 바빴고, 수업에 대한 고민의 시간이 거의 없었다. 그러니 '우리가 장승에 도대체 왜 온 거야?'하는 생각이 들 수밖에 없었다.

이런 물음은 교사의 본질에 대한 물음이었다. 아무리 큰일을 하고 많은 일을 해도 우리는 아이들을 만나는 교사라는 문제의식은 당연한 것이었다. 또 밖에서 장승을 바라보는 시선, 다시 말해 '혁신학교니까 수업도 일반학교 와 뭔가 다르겠지.' 하는 시선도 부담이었다.

2학기 개학 후 수업협의회 시간에 각자 연수에 다녀온 이야기를 나누었다. 세 가지 모두 의미 있는 내용이었지만 우리가 함께 수업에 대해 고민하고 나누려면 한 가지를 정해서 꾸준히 해보는 것이 좋겠다는 의견이 나왔다. 여러 가지 이야기 끝에 가장 마음에 와 닿았던 '아이 눈으로 수업 보기' 를 함께 공부하기로 결정했다.

서근원(이하 놀자샘) 교수는 오래전부터 인연이 있는 분이다. 노무현 정부 시절 '대통령 자문 교육혁신위원회 자문위원'으로 활동하고 있던 놀자샘 을 만난 것은 '작은학교교육연대' 연수였다. 그때 놀자샘은 경력이 오래되지 않은 교사로서 교육에 대한 단상을 써줄 것을 조심스럽게 요청했다. 나는 흔쾌히 수락했다.

그 뒤 한참을 뵙지 못하다가 장승 학부모·교사 다모임에서 남한산 학교 이야기를 듣기 위해 모시게 됐다. 그리고 한두 번 더 뵈었고, 2012년 여름방학 때 '아이 눈으로 수업 보기'에서 다시 만났다. 이런 인연 덕에 놀자샘에게 장승에서 아이 눈으로 수업 보기 연수를 부탁드렸다. 그리하여 우리는 2012년 10월 25일, 학교 도서관에서 아이 눈으로 수업 보기를 만났다.

우리는 1박 2일 동안 학교 도서관에서 밤을 지새우며 전문가가 되는 과정을 살폈다. 하면 할수록 어려운 부분들이 눈에 들어왔다. 우선 수업을 보면서 행동과 몸짓, 말을 자세히 살피는 것이 얼마나 중요한 것인지 새삼 깨달았다. 아이와 교사 사이에서, 수업 상황에서 일어나는 것들을 자세히 기록하는 것이 얼마나 어려운 것인지도 알게 되었다. '이래서 선생이 전문가가 되어야 하는구나.' 하는 생각이 들었다.

그러면서 꾸준히 우리 학교에서 '아이 눈으로 수업 보기를 해볼까?' 하는 생각을 하게 되었다. 하지만 이 문제는 모든 구성원들의 동의가 필요했다. 놀자샘도 만약 장승 선생님들이 원한다면 프로젝트를 함께하겠다고 했다. 만약 한 사람이라도 동의를 하지 않으면 수업 공동체를 이룰 수 없기 때문에 여러 차례 모여서 이야기를 나누었다. 대체로 긍정적이었지만 부담이 컸던 것도 사실이다.

하지만 우리가 고민했던 수업의 지점을 찾아가는 게 어차피 쉬운 과정이 아님을 알기에 힘들지만 2013년에는 아이 눈으로 수업 보기를 하기로 결정했다.

아는데 힘드네

2013학년도 아이 눈으로 수업 보기는 놀자샘이 둘째 주와 넷째 주에는 장성 북중학교에 가기 때문에 첫째 주와 셋째 주 금요일에 하기로 결정이 되었다. 그런데 미리 짜여져 있는 학교의 교육과정이 문제가 되었다. 오전에 주지교과 수업이 있고, 오후에는 주로 예체능을 하기 때문에 관찰하고자 하는 수업은 대체로 오전에 이루어져야 했다. 수업이 40분 단위가 아니라 80분 묶음으로 이루어지는 것도 문제였다. 80분 동안 아이 눈으로 수업 보

학교가 돌아왔다

기를 한다는 것이 큰 부담이었기 때문이다. 그래서 4교시 11시 50분부터 따로 수업을 구성하고 관찰하기로 했다.

그것으로 문제가 모두 해결된 것은 아니다. 담임교사들이 수업 관찰을 위해 담임 반 수업을 못하게 되니까 그 시간에 다른 학년 아이들을 봐주는 것이 문제가 되었던 것이다. 수업을 잘하자고 시작한 일인데 정작 그 시간에 다른 아이들은 수업의 방관자가 된 것이다. 그래서 학년별로 나누어 보건교사와 사서 교사 그리고 교장선생에게 수업 보강을 부탁드렸다.

놀자샘에게도 미안한 일이 생겼다. 금요일 오전에 수업 관찰을 하려니 아이들이 끝나는 시간인 네 시 반까지 수업대화를 위해 기다려야 했던 것이다. 그래도 놀자샘은 그런 어려움을 표현하지 않았다.

수업은 아이 속으로 들어가 아이 눈으로 바라보는 것이기도 하고, 한편으로는 아이의 마음을 이해하는 것이기도 하다. 아이마다의 삶이 다르고, 행동양식도 다르고, 성격도 다르고, 깨치는 방식도 다르기 때문에 그 아이에게 어떤 방식이 필요한지 아이를 중심으로 바라보고 어떻게 도움을 줄까 고민해야 한다. 하지만 그런 생각을 하다가도 오래된 습관 때문인지 막상 수업에서는 내 관점으로 수업을 구성하고, 아이들이 어떤 생각을 하고 있고 어떻게 살펴야 하는지 금세 잊고 만다.

기존의 내 틀을 깨고 오로지 아이의 관점에서 바라보는 노력이 필요했다. 그렇게 변화되지 않으면 오랫동안 내 관점으로만 바라보았던 수업은 결코 변하지 않을 것이다.

아이들에 대한 수업대화를 하면서 여러 번 평소 내 모습을 떠올리고 내 관점으로 수업을 바라보지 말아야겠구나 하는 생각이 들었다. 그러면서 내내 들었던 생각은 '아는 것과 사는 것이 다르다.'는 것이었다. 아이들의 삶을 가꾸기 위한 글쓰기도 하고, 아이들의 처지를 이해하기 위해 노력도 했지만 근본으로 내가 아이들을 잘 알고 있는지 회의가 들기도 했다. 아이가 어떤 생각을 하고, 수업이 어떤 의미가 있었는지, 어떻게 도움을 주어야 할지 오롯이 아이 마음과 처지가 되어보는 것이 참 어려웠다. 내 관점으로 수업을 보지 말아야지 하면서도 잘 되지 않았다.

어쨌든 객관적으로 보기 위해 노력하고 그렇게 생각하다 보면 '수업도 내가 아는 것처럼 하게 되지 않을까?' 하는 기대를 가지고 꾸준히 했다.

왜 힘들까?

무엇보다 내 틀이 문제였다. 내 틀을 깨지 않으니 힘들 수밖에 없었다. 나는 마음속으로 이미 아이들의 '상'을 정하고 있었다. 아이에 대해 잘 알지도 못하면서 '이 아이는 이런 아이일 거야.'라고 판단을 하는 것이다. 하지만 아이 눈으로 수업 보기를 해보니, 그런 내 생각은 정말 편견이었다. 아이는 내가 생각하는 것보다 훨씬 나은 아이였고, 내 판단에 따라 결정지을 수 없는 아이였다. 그런데 내 고정관념은 아이의 내면은 살피지 않고 내 틀에 따라 아이를 판단했던 것이다. 결국 내려놓기가 잘 되지 않는 것이 문제였다. 말로는 아이 중심이라고 해놓고, 수업에서는 아이 중심이 되지 않았다.

기록하는 것도 참 힘들었다. 많은 것을 기록해야 그것을 보면서 아이를 살필 수 있는데, 기록을 자세히 하지 못해 수업대화를 할 때마다 아쉬움으

학교가 돌아왔다

로 남았다. 한참을 적다 보면 힘들기도 하고, 막상 적고 보면 정말 중요한 것은 놓치는 경우가 많았다. 두 주일에 한 번씩 밤에 남는 것도 많은 부담이 되었다. 좋은 줄은 알지만 밤늦게까지 계속되는 수업대화는 아이가 있는 엄마나 결혼을 한 선생님에게는 큰 부담이었다. 더군다나 처리해야 할 학교 업무는 전혀 줄어들지 않은 상태였으니 더욱 힘이 들 수밖에 없었다.

때로는 '꼭 이렇게까지 적어야 하나?' 하는 회의도 느꼈다. 선생님들도 하나둘씩 힘들다고 했다. 그러나 하다 보면 조금씩 눈이 트이고, 어떤 것이 중요한지를 알 수 있게 되리라 하는 생각으로 위안을 삼았다.

'수업', 도대체 뭘까?

아이 눈으로 수업 보기를 하면서 '수업! 도대체 뭘까?' 하고 계속 묻는다. 그러면서 아이와의 관계를 생각해본다. '내가 정말 아이의 마음을 잘 살피고 있나?' '아이의 눈을 맞추고 아이의 눈으로 보고 있나?'

'수업'이 단순히 아이들에게 지식을 주입하는 것이 아님을 알고 있음에도 나는 어느 순간 아이들과의 관계와 눈 맞춤보다는 설명식으로 지식을 주입하고 있는 내 모습에 깜짝 깜짝 놀랄 때가 있다.

아이들은 공부 시간에 나름의 어떤 경험을 할 것이고, 그 경험에서 어떤 의미를 찾겠지. 나는 그 경험이 아이에게 어떤 의미를 갖는지 살피는 과정에서 아이들을 이해하고 알아가게 될 것이다. 그것이 바로 수업이 아닐까?

나는 그렇게 아이 눈으로 수업 보기를 하면서 그동안 놓치고 살았던 작은 것에도 관심을 가지게 되었다. 그리고 아이들에게 좀 더 친절한 선생이 되었다. 아이가 어떤 반응을 보일 때도 '왜 그런 반응을 보였을까?' '어떤 경험을 한 거지?' '어떤 의미가 있을까?'를 생각하려고 노력한다. 교과의 진도에 얽매였던 것에서 조금이라도 벗어나 아이들과 눈을 맞추고 아이들에게 생각할 수 있는 거리를 주려고 한다.

이 과정에서 우리가 고민했던 한 가지 지점은 '혹시 좋은 수업의 틀이 있는 것은 아닐까? 놀자샘이 생각하는 좋은 수업의 틀이 있는 것은 아닐까?'였다. 물론 그렇지 않겠지만, 분명 어떤 수업은 아주 역동적이어서 아이들이 새로운 깨침을 얻는 느낌이 들 때가 있다. 수업을 관찰할 때는 몰랐지만 수업대화를 나누면서 수업을 살피다 보니 그 속에서 아주 역동적인 깨침이 일어나고 있었던 것이다. 그럴 때는 어떻게 수업을 준비하고 진행해야 좋은 수업이 될지 스스로 헷갈리게 된다.

물론 내 수업의 가장 큰 문제는 내 나름으로 어떤 틀을 정해놓고 가르치고자 하는 욕심과 상이다. 결국 그것을 깨는 것이 문제다. 그러면 좋은 수업이 되지 않을까? 어떤 선생이라도 늘 그런 수업을 할 수만 있다면 얼마나 좋을까?

지금 당장 '수업은 무엇이다.' 하고 판단할 수는 없다. 수업은 어떤 정형화된 틀로 설명할 수 없는 유기적인 생물체와 같기 때문이다. 아이들은 그 속에서 숨을 쉬고, 나는 또한 그 아이들 속에서 살고 있기 때문이다. 내가 계획했던 수업 역시 어떤 틀이나 구조에 따라 이루어지는 것이 아니므로 언제 어떻게든 바뀔 수 있다. 다만, 그 중심에 아이들을 두고, 아이의 눈으로 바라보면서, 아이들이 어떤 경험을 하게 될지 늘 고민하고 있다.

도대체 어떻게 해야 잘하는 거야?

요즘 가장 큰 고민은 '그러니까 도대체 어떻게 하는 수업이 잘하는 수업이야?' 하는 물음이다. '그러니까 어쩌라고? 도대체 어떻게 하라고?'라는 질문을 자신에게 수없이 던지다 보면 교사로서의 자존감이 높아지는 것이 아니라 자꾸만 떨어지는 느낌이 든다. 왠지 다른 교사보다 수업을 더 못하는 것 같다. 수업을 잘한다는 교사들의 이야기를 듣다 보면 '나도 저렇게 해봐야지.' 하는 생각보다는 자꾸 주눅이 든다.

수업마다 잘하고 싶지 않은 교사가 어디 있을까? 다만 구성원들이 수업에 대해 허심탄회하게 마음을 터놓고 공동체가 되는 과정이 다른 무엇보다 필요하다는 생각을 해본다. 어떤 시간에 수업을 어떻게 했는데 아이들이 좋아했다든지, 이런 내용에는 이런 수업이 어떨까 하면서 함께 이야기를 나누는 노력이 필요하다. 내가 아는 한, 아무리 좋은 이론을 갖다 붙인들 교사 스스로 판단하고, 고민하고, 대안을 찾아가는 것 이상은 없다.

장승학교에서 지금 하고 있는 아이 눈으로 수업 보기는, 처음 시작했던 모습과는 조금 다르다. 많은 교사들이 힘들어 했던 부분들을 어느 정도 수용해서 변화를 준 것이다.

과정분석(아이를 살피고 기록하는 것)도 분명히 하지만, 구태여 과정분석표를 만들지는 않는다. 다만 교사들이 과정 분석한 내용을 함께 나누고 아이가 어떤 경험을 했을까를 이야기하면서 기록으로 남긴다. 예전에 9시를 넘겼던 수업대화시간도 지금은 7시 이전에 마친다. 편하기도 하고, 전에 이런 점들 때문에 불편해했던 교사들도 이제는 함께 나눌 수 있다.

대한민국의 어떤 유명한 학교를 찾아가거나 좋은 수업을 하는 다른 교사를 찾아 강의도 듣고, 공부를 해도 결국 수업은 교사 스스로 책임져야 할 몫이다. 아무리 좋은 이야기를 들으면 무엇 하나? 내 문제가 해결되지 않는 것을. 프로젝트네, 아이 눈이네, 배움의 공동체네, 프레네네 해도 결국 내 몫이다. 내가 동료 교사들과 이야기를 나누고, 작은 부분에서 어떻게 했으면 좋겠는지 이야기를 나누고, 서로 수업한 것들을 함께 나누는 것 이상은 없어 보인다. 물론 내가 모든 결론을 내리고자 해서 하는 이야기는 아니다.

학교의 형편에 따라, 교사들의 생각에 따라 또는 여러 가지 까닭에 따라 수업을 바라보는 시각은 천차만별이다. 아직도 교사들의 수업방법과 발문, 수업모형을 아주 중요하게 생각하는 분들도 많다. 사실 아이들의 관점으로 수업을 바라보자는 움직임이 나타난 것도 그리 오래 전 일이 아니다. 어찌 되었든 아이들은 무언가 생각할 거리가 있으면 그것을 몸으로 겪고 머리로 생각하면서 새로운 경험을 하게 될 것이다. 그 과정에서 성장하고 자신을 돌아보게 될 것이다.

내가 늘 고민하고 있는 지점은 이렇다.
첫째, 나는 어떤 수업을 하고 싶은가?
둘째, 내가 하고자 하는 수업을 위해 어떤 노력을 하고 있는가?
셋째, 정말 좋은 수업의 틀이 있는가?
넷째, 수업만 잘하면 좋은 교사인가?

학교가 돌아왔다

다섯째, 학교에서 수업으로 만나는 것이 아이들을 만나는 전부인가?

여섯째, 혁신학교라고 하는 틀 속에서 정말 우리가 하고자 하는 좋은 수업의 모델을 찾을 수 있다고 생각하는가?

● ● 공동체성, 학교에서 나누다

미안한 마음 / 박유찬(장승초 5학년)
지리산 갈 때
내가 5조 조장인데
첫 번째 날부터
꼴찌이다.
체력이 안 좋은 게 미안해서
최대한 안 쉬고 가는데
이미 너무 멀어진 사람들
그런 내가 한심하다.
벽소령대피소에서 자야 하는데
연하천대피소에서 잔다.
내가 조장인데 너무 미안하다.
내려갈 때는
기필코 빨리 가겠다고 결심했는데
내려갈 때도 늦는다.
늦은 내가 너무 한심하다.
조원들에게 미안하다.
(2013. 9. 23)

학교가 돌아왔다

장승에서 하는 활동 가운데 지리산 종주는 특히 모둠활동을 중시한다. 모둠별로 다섯 끼 식단을 짜고, 공동으로 들어야 하는 짐을 어떻게 들고 갈지 정하고, 어떻게 서로 도우면서 가야 할지 미리 이야기를 나눈다. 이런 활동 속에서 아이들은 여러 사람의 의견을 모으고 함께하는 것을 배우게 된다. 공동체를 이루고 그 속에서 서로를 배려하고 나누는 공부를 하게 되는 것이다.

부모들에게 장승학교의 좋은 점을 이야기하라고 하면 아이들도 행복하지만 부모들도 행복한 학교라고 하는 분들이 많다. 장승에서는 함께하는 것 곧, 공동체성을 매우 중요시한다. 그래서 달마다 한 번씩 학부모·교사 다모임을 연다. 보통 금요일 5시부터 다모임이 열리는데, 60여 세대 가운데 30여 세대 이상이 참석하는 편이다.

다모임이 열리는 날은 아이들도 신이 난다. 부모들이 학교에 오므로 밤늦게까지 학교에서 놀 수 있기 때문이다. 아이들은 도서관에서 놀기도 하고, 운동장에서 축구를 하기도 한다. 학교에서는 학부모들이 다모임에 편히 참석할 수 있도록 두 분의 아이 돌보미를 운영한다.

다모임의 내용은 달마다 다르다. 보통은 학부모들이 듣고 싶은 강의나 학부모 교육을 위해 필요한 강사를 초빙해서 강의를 두 시간 정도 듣는다. 그리고 준비한 밥을 함께 먹으면서 이런저런 이야기를 나눈다. 저녁을 먹고 나면 학교 이야기나 학부모들끼리 나누고 싶은 이야기를 한다. 이렇게 다모임은 벌써 다섯 해째 운영되면서 이제는 학교의 전통이 되었다. 다만 어떻게 하면 좀 더 효율을 높일 수 있을까, 학부모들의 참여를 높일까 등의 고민은 아직도 현재진행형이다.

아이들 다모임은 격주로 두 시간씩 운영한다. 3학년부터 6학년까지 모든 아이들이 참여한다. 2011학년도에는 1학년부터 6학년까지 57명의 아이들이 모두 참여했는데, 아이들의 나이와 생각의 차이가 커서 회의 진행에 어려움을 겪었다. 게다가 학생 수가 늘어나면서 모두 모일 공간도 없었기 때문에 3학년부터 참여하도록 했다.

전교어린이회도 없고 회장도 없기 때문에 진행은 6학년 몫이다. 사회자, 보드에 적는 서기와 컴퓨터로 기록을 남기는 서기 이렇게 세 사람이 진행을 한다. 회의 주제는 때마다 다른데, 아이들 스스로 정한다. 어떤 때는 '욕'이 주제가 되기도 하고, '그네'가 주제가 되기도 한다. 주마다 생기는 문제에 대해 의견을 모으고 규칙을 정하기도 한다. 스스로 정한 규칙이기에 아이들은 지키려고 노력한다. 무엇보다 6학년들이 회의 진행하는 것을 동생들이 보고 배우면서 자연스럽게 누구나 회의를 진행할 수 있게 된다.

장승의 교육공동체 행사 가운데 여름방학을 하는 주일의 토요일에 열리는 장승 한마당도 특별한 행사다. 프로그램은 무엇으로 할 것인지, 어떻게 진행할 것인지 등 행사 준비부터 추진까지 모든 과정을 학부모회에서 주관한다. 교사는 참여만 한다. 예산은 학교에서 지원한다. 더욱 특별한 것은 졸업생 학부모와 아이들도 참여할 수 있도록 한다는 것이다.

그렇게 장승 한마당이 계속 이어지다 보니 졸업생 학부모 모임이 몇 해

학교가 돌아왔다

째 유지되고 있기도 하다. 그래서 졸업 후에 어떻게 지내고 있는지 이야기를 듣는 마당을 열기도 하고, 학교 둘레의 길을 함께 걷기도 한다. 또 학교 옆 냇가에서 아이들이 물놀이를 할 수 있도록 둘레 정비를 하기도 한다. 그리고 학부모와 아이들, 교사가 모두 참여할 수 있는 전래놀이와 공동체놀이 한마당을 연다. 행사는 저녁까지 이어지는데, 학년별 또는 학부모 참여 장기자랑도 열린다.

지난여름 학교에서 열린 장승한마당 행사가 참 좋았어요. 많은 학부모들이 참여하고, 서로 친해지는 기회가 된 것 같아요. 아이들과 선생님 그리고 학부모들이 서로 어울려 전통놀이를 하니까 참 좋더라고요. 장승에는 이렇게 함께할 수 있는 것들이 많고, 모두가 식구 같아서 좋아요. 그리고 학년 모임은 아이들뿐만 아니라 부모들끼리 서로 자주 만나 이야기를 나눌 수 있어서 좋아요. 학교에서 할 때는 아이들은 운동장에서 놀고, 어른들은 함께 둘러앉아 이야기도 나누고요. 그리고 겨울에 열리는 학부모·교사 공동연수도 참 특별해요. 새로 입학한 아이들의 학부모들을 처음으로 만나는 자리잖아요. 1박 2일 동안 좋은 강의도 듣고, 밤에는 막걸리도 한 잔 나누면서 친해지게 되는 것 같아요. (이환, 이재서 아빠)

학년 모임과 학부모·교사 공동연수도 특별한 과정 가운데 하나다. 학년 모임은 학년별로 달마다 또는 두 달에 한 번씩 해당 학년의 학부모와 아이들이 모두 모여서 이야기를 나누거나 행사에 참여하기도 한다. 한 해에 한 번은 1박 2일로 진행하기도 한다. 그러다보니 아빠들끼리는 형님, 동생하며 지내고, 엄마들끼리는 언니, 동생하며 지낸다. 학부모들끼리 친하면 다툼이 있던 아이들의 관계도 금세 좋아지기 마련이다.

　학부모·교사 공동연수는 학교에서 열리는데, 새로 입학하는 신입생 학부모들과 첫 대면을 하는 자리다. 한 해 동안 학교 교육과정이 어떻게 운영되는지, 장승학교를 어떤 철학으로 운영하는지 공유하는 자리이기도 하다. 선배 학부모들은 학교생활의 경험을 신입생 학부모들에게 전수하고, 신입생 학부모들은 새로 입학하는 아이의 학교에 대한 여러 가지 이야기를 듣게 되는 셈이다.

아주 좋았어요. 공동연수에 학부모들이 참여하는 거요. 전주에 있을 때는
초등학교를 가면 엄마들이 사교육 쪽 정보를 얻기 위해 많이 모이거든요.
그런데 학부모 교육을 하려고 하면 참여율이 별로 되지 않는다고 들었어요.
그러려니 하고 왔는데, 장승은 부모들의 참여율이 아주 높았어요. 그리고
아이들을 위해 고민하는 것, 사교육이 아니라 교육의 문제를 해결하기 위해
모였다는 느낌이 있어서 좋았어요. 가슴이 뜨거워졌어요.
(송미영, 서하늬 엄마)

　지난 번 연수에 신입생 부모로 처음 참여한 송미영 씨는 가슴이 뜨거워졌다고 고백했다. 교육에 대한 열정을 함께 나눈 자리의 분위기가 어땠는지 금세 알 수 있을 것이다. 또한 3월 개학을 앞두고 담임 발표는 물론 교육과정 설명회까지 겸하니까 여러 가지 면에서 새 학년을 미리 준비할 수 있다.

　서근원 교수는 《공동체는 어디에 있을까?》(2013)에서 산들초등학교의 사례를 토대로 공동체의 개념을 정리했다. 장승에도 큰 시사점을 준다.

학교가 돌아왔다

초기에 그들은 '아이들의 교육을 위해서 다 함께 평등하게 참여하는 것'을
공동체라고 생각했지만 이제는 '각자 자신의 위치에서 자신의 역할을 충실히
하는 가운데 자신과 다른 가까운 이웃을 이해하면서 함께 성장해가는 관계'를
공동체라고 생각하게 되었다. (서근원, 2013: 299)

장승에서도 학부모회를 잘 운영해야 한다는 부담감, 지나치게 많은 모임
과 그에 비례하는 시간 투자, 참가자만 계속 참가하는 등 여러 가지 문제를
안고 있는 것도 사실이다. 하지만 모든 학부모에게 참여를 요구할 것이 아니
라 현재 주어진 각자의 처지를 이해하고, 나눌 수 있는 형편만큼 나누면 된
다. 무엇보다 공동체라는 이름으로 참여를 강요하거나 학부모에게 지나친
피로감을 주어서는 안 된다. 이렇게 조금씩 마음을 나누면서 성장해가는
과정이 곧 공동체가 아닐까 싶다.

학교와 마을, 어울리다
엄마들, 선생님이 되다
'학교'를 찾아 무작정 왔어요
내년에도 담임 걱정이 없어요
마음껏 놀고 즐거우면 되죠

4부

희망의 공동체,
학교와 마을의 어울림

● ● 학교와 마을, 어울리다

우리 학교 / 이산하(장승초 3학년)
우리 학교는 좋다.
우리 학교는 혁신학교다.
우리 학교에 전학 왔다.
전학 와보니 좋다.
우리 학교만 계속 다닐 거다.
(2013. 4. 1)

2011년 3월, 장승학교가 살아나면서 생긴 가장 큰 변화는 학교 둘레로 이사를 오는 가정이 늘었다는 것이다. 그러다 보니 자연스럽게 땅값도 제법 많이 올랐다. 처음 작은학교살리기를 시작하기 전에 농담 삼아 학교 둘레 땅부터 사놓아야 한다고 했던 말이 사실이 되었다. 이럴 줄 알았으면 남한산초등학교를 시작했던 선배들 이야기를 들었어야 했다. 땅값이 많이 올라

학교가 돌아왔다

서 도대체 땅을 구하기가 어려워졌다. 그런데도 어떻게든 땅을 구해 집을 지으려고 하는 분들이 제법 많다. 그럴 형편이 안 되는 분들은 빈집을 고쳐서 이사를 왔다.

장승학교가 있는 진안군 부귀면 세동리와 신정리는 둘레가 산으로 둘러싸여 있어 터가 넓지 않은 편이다. 비싼 값을 주고 땅을 구하려고 해도 마땅한 땅이 없어 어려움을 겪기도 한다. 그럼에도 여전히 빈집을 알아보는 분들도 있고, 어떻게든 땅을 구해 집을 짓는 분도 있다.

좋은 학교를 찾아 이사를 온 부모들의 마음을 읽어보면 장승학교가 특별해서 온 것도, 교육에 대한 거창한 욕심을 가지고 온 것도 아니었다. 의외로 그 뜻은 소박하다. 본질에 충실한 학교, 아이들을 믿고 맡길 수 있는 안전한 학교, 아이들도 부모도 마음이 편한 학교가 그들의 뜻이었다. 도시에서 학원에 쫓기는 삶 대신 좀 더 자유로운 삶을 바라는 마음도 컸다. 더불어 마을 속에서 살면서 가까운 거리의 시골학교에 보내고 싶은 마음도 있다.

내가 아무리 이야기한들 직접 이사를 온 부모들의 이야기를 들어보는 것만큼 설득력이 있지는 않을 터. 무엇이 그들로 하여금 도시의 삶을 포기하고 시골에서의 삶을 선택하게 했을까?

전주에서 2013년에 이사 온 조상현·박미선 씨 부부는 부귀면 세동리 신덕마을에서 마을사업으로 지은 다섯 가구의 임대주택 가운데 한 집에 살고 있다. 운주는 올해 4학년이다. 운주는 전주에서 통학차량을 타고 장승학교까지 다니다가 학교 둘레로 이사를 왔다. 이처럼 장승학교에 아이를 보낸 까닭은 모두 다를 것이다. 하지만 학력과 경쟁 위주의 도시 학교를 벗어나고 싶었던 것은 비슷할 것이다.

초등학교 시절에는 무엇보다 몸으로 하는 공부와 놀이가 중요하다고 생각했어요. 더불어 건강한 사회생활의 기초가 되는 공동체 경험을 원했고요. 하지만 지금 우리 제도교육은 초등학교조차 학력과 경쟁 위주이고, 경직된 교과 과정에 따라 개별성에 대한 고려가 없이 진행되고 있기 때문에 그런 학교에 보내기는 싫었어요. 그래서 좀 다른 교육 철학을 가진 학교를 찾던 중 장승학교를 선택하게 되었어요. (박미선, 조운주 엄마)

운주네 말고도 장승의 많은 부모들은 자녀가 다닐 학교에 대해 고민을 했고, 그 과정에서 장승학교를 만났다고 했다. 장승을 선택하는 많은 엄마들이 자녀를 초등학교에 보내기 전에 여러 학교를 알아봤음을 알 수 있다. 이외에도 많은 부모들이 전주 인근에 있는 작은 학교 가운데 제법 알려진 학교를 찾아다니면서 상담을 하곤 한다. 따라서 학교 구성원들이 내가 가꾸고 싶은 우리 학교만의 특색을 살려서 교육과정을 잘 운영한다면 학생 수가 줄어드는 불안에서 벗어날 수 있을 것이다.

2010년 10월에 전주에 있는 책마루 어린이도서관에서 장승초등학교 전입학 설명회가 열렸다. 3학급에 전교생이 13명인 폐교 예정 학교를 살리기 위한 설명회였다. 나는 그때 장승초 교사가 아니었다. 하지만 학교를 살리는

데 함께 참여했고, 그 설명회에서는 장승학교를 어떻게 만들어갈 것인지 장
승을 대표하여 이야기했다. 그때 10여 명의 부모들이 아이들과 함께 참석했
는데, 강두환·김원 씨 부부도 그중 하나였다. 그리고 고민 끝에 장승학교 전
학을 결정했고, 2011년 2월 동진이가 1학년을 마칠 무렵 장승학교로 전학을
보냈다. 열악한 시설, 아직은 아무것도 없는 머나먼 학교까지 동진이를 보
낸 이유는 무엇이었을까?

아이가 1학년 가을쯤에 자주 가는 도서관에 갔다가 우연히 장승초등학교
설명회에 참석을 했어요. 그 당시 아이에게 "학교 가는 거 재미있어?"라고
물으면 "엄마, 어떻게 학교가 재미있을 수 있어?" 하고 대답을 했어요. 개구쟁이
아이인데, 선생님께 많이 혼나고 그랬더라고요. 1학년인데도 시험을 보면
엄마들끼리 비교하고 그랬어요. 짧은 시간이었지만 그런 게 부담되고 참
싫었어요. 그런데 설명회에서 들어보니까 아이도, 선생님도, 학부모도 행복할
수 있는 학교를 만든다는 거예요. 한번 속는 셈치고 따라가 보자 했죠. 아이와
남편과 함께 학교를 찾아와 보고 전학을 결정했어요. (김원, 강동진 엄마)

누군가는 그 당시를 회상하며 그 무모한 자신감은 어디에서 온 것이냐고
물었다. 어떤 이는 막말로 '사기(?)' 아니냐고도 했다. 그럴 만도 했던 것이, 함
께하고자 하는 교사들의 열정 말고는 아무것도 없는 상태였기 때문이다. 하
지만 '무모한 자신감'은 결국 교사들의 열정만 있으면 얼마든지 뜻하는 학교
를 만들 수 있으리라는 것을 믿었기 때문에 가능한 일이었다. 어찌 보면 부
모의 절박함이었을 수도 있다. 자녀가 힘들어하는 모습을 그냥 보고만 있
을 수 없는 부모의 어쩔 수 없는 선택 말이다.

그래서 동진 엄마의 말이 가슴을 울린다. 학교가 가고 싶고 재미있어야 할 1학년 아이에게 학교는 가기 싫은 곳이었다. 부모로서 속상한 마음이 얼마나 컸던지 '속는 셈치고' 우리 학교에 보냈다는 것이다. 동진이네는 지난해 학교 바로 앞집으로 이사를 왔고, 동진이는 재미나게 학교를 다니고 있다.

이외에도 여러 학부모들의 이야기를 들어보면 "자연과 함께하는 작은 학교에 아이들을 보내고 싶었습니다."(임진이, 이재서 엄마)라거나 "도시의 아이들처럼 시험공부를 위해 초등생활을 낭비하고 싶지 않았고, 행복한 추억들을 많이 만들 수 있게 하고 싶어서 아이를 장승학교에 보내게 되었습니다."(박지은, 이다섭 엄마)라고 소감을 밝히고 있다.

2011년부터 작은학교운동으로 출발한 장승은 벌써 다섯 해째를 맞고 있다. 이젠 어느 정도 학교와 마을의 어울림이 이루어지고 있다고들 이야기한다. 처음에 하나둘씩 이사를 올 때만 해도 지역에서는 그리 고운 시선이 아니었다. '하나둘 이사를 오다 말겠지.' 하고 생각하는 분도 있었다. 심하게 말씀하시는 분 가운데는 "도시 놈들 데려다 뭐하는 짓이여?" 하는 경우도 있었다. 그렇게 말씀하시는 분들 모두 장승초등학교 동문들이었다. 가슴이 메여왔다. 열정으로 도와주지는 못할망정 그런 말씀을 하시니 힘이 빠지기도 했다. 하지만 이제는 젊은 사람들이 마을에 있어서 좋다고, 아이들 웃음소리가 들린다고 좋아하신다.

사실 '어울림'이라는 것이 말처럼 쉽지는 않다. 특히, 요즘 같은 시대에 학

학교가 돌아왔다

교가 마을과 괴리되지 않고 함께 어울리기는 더욱 어렵다. 따라서 학교 행사를 하든 무엇을 하든 마을을 생각하면서 함께할 수 있는 방법을 더 고민하고 찾아야 한다. 마을에서도 젊은 학부모들이 지역에 잘 정착할 수 있도록 빈집을 임대하거나 집을 지을 수 있는 터를 함께 고민해야 한다. 그렇게 서로 노력하면서 어울림을 만들어가야 시골학교의 진정한 어울림이 이루어질 것이다.

● ● 엄마들, 선생님이 되다

엄마 / 최유진(장승초 3학년)
힘이 든다.
과거로 돌아가고 싶다.
엄마랑 있는 시간만
있으면 좋겠다.
엄마는 지금 어떤 마음일까?
궁금하다.
엄마는 일을
세 개나 하신다.
너무 엄마에게 미안하다.
(2014.9.19)

요즘은 맞벌이를 하지 않으면 살기가 힘들다. 남편 혼자 벌어 살 수 있는 집은 그나마 형편이 낫다. 엄마들의 역할이 그만큼 더 커진 셈이다. 그러다 보니 자녀와 함께해야 할 시간에 일을 하고 늦게 들어오게 되고, 그만큼 대화하는 시간도 많이 줄었다고 한다. 예전에는 그런가 보다 하고 살았지만 요즘은 그렇지 않다. 자녀 숫자가 적으니, 더욱 많은 관심과 대화가 필요하다.

학교가 돌아왔다

유진이는 엄마랑 얼마나 이야기를 하고 싶었는지, 과거로 돌아가고 싶다고까지 말한다.

장승학교는 학부모들이 학교에 많이 오는 편이다. 먹고 살기 힘든 세상에 자꾸 학교에 오라 가라 하는 것이 불편한 줄은 안다. 우리가 부러워하는 북유럽이라면 부모들이 대부분 오후 서너 시만 되면 퇴근을 하니까 가정에서 부모의 역할을 중시하지만, 우리는 밤늦게까지 일하지 않으면 먹고 살기가 참 빠듯하다. 이런 어려운 상황에도 불구하고 학부모들을 자꾸 학교 활동에 참여하도록 하는 까닭은 학교의 문턱을 낮추고, 아이들 교육을 부모와 함께하고자 하기 때문이다.

참여를 잘 하지 못해서 미안해 하는 집도 물론 있지만, 각자의 상황에 따라 다름을 존중하는 문화가 어느 정도 자리가 잡힌 편이다. 규모가 큰 도시 학교에서는 학교에 자주 가지 못하는 것에 대해 마음의 짐처럼 부담을 느낀다고 한다. 하지만 작은 학교인 장승에서는 학부모들끼리의 관계성이 형성되어 있는 덕에 조금은 그런 부담에서 자유로운 편이다.

학부모의 학교 참여 활동 가운데 제과제빵 수업은 벌써 만 4년이 되어 가고 있다. 실과는 본래 몸으로 겪으면서 배우는 과목이다. 따라서 교과서만으로는 배우고 익히는 데 한계가 있다. 이 때문에 어떻게 하면 아이들이 몸으로 겪을 수 있도록 할 수 있을까 고민했고, 그 결과 제과제빵과 서각, 목공, 꽃누르미의 네 가지 체험 수업을 실과시간에 하기로 했다. 단순히 지식을 전달하는 것이 아니라 몸으로 겪으면서 자신이 가지고 있는 가능성을 탐구하는 기회를 주고 싶었다. 이에 따라 아이들은 네 가지 가운데 자신이 좋아하는 것을 자유롭게 선택해서 직접 체험할 수 있게 되었다.

장승학교를 시작한 첫해부터 금요일 오후는 실과시간으로 정했다. 그런데 정말 신기한 일은, 아이들이 직접 자신이 하고 싶은 것을 선택했기 때문인지 금요일 실과시간을 많이 기다린다는 점이다.

또, 한 가지를 꾸준히 배우니까 목공이나 서각 등 각 과목마다 나름대로 재능을 뽐내고 있다. 어떤 걸 배울지 스스로 결정하고, 그 결정에 대해 흥미를 느끼며 보다 폭 넓게 탐구하는 자세를 기르고 있는 것이다. 아이들 지도는 담임교사와 진안 지역 강사들이 맡았다.

첫해에는 제과제빵 수업에 학부모들이 참여하지 않았다. 그런데 1학기가 끝나갈 무렵 제과제빵의 특성상 아이들이 손으로 밀가루를 만지고, 제대로 체험할 수 있도록 엄마들이 참여하면 좋겠다는 의견이 나왔다. 마침 제과제빵을 지도할 수 있는 엄마 몇 분이 자원을 하였고, 그렇게 엄마들이 실과시간을 통해 아이들을 만나게 됐다. 박미정 씨는 첫해부터 지금까지 네 해째 제과제빵으로 아이들을 만나고 있다.

글쎄요. 아이들이 많은 도시 학교에서 하는 봉사와는 다른 느낌입니다. 단순히 봉사에 보람을 느낀다기보다는 시골 작은 학교의 정서를 저도 함께 느끼고 싶어 시작한 면이 사실 큽니다. 무엇보다 좋은 것은 아이들과 함께 손으로 조물조물 빵과 과자를 만들면서 여러 아이들을 알아가고 친해진 것입니다. 그 속에서 작은 학교의 좋은 점을 느끼고 많이 배우기도 합니다. 아쉬운 점은 제과제빵

학교가 돌아왔다

시간마다 빵이 먹고 싶어 맛나방 밖에서 빼꼼히 쳐다보는 아이들이죠. 전체 아이들 간식을 해주면 좋을 텐데, 그것이 가장 아쉬워요. (박미정, 박종우 엄마)

엄마들은 수업에 적극적이었다. 금요일 수업이 끝나고 나면 그날 수업이 어땠는지, 아이들은 어떻게 활동하고 있는지 이야기를 나누고, 다음 주에 할 수업도 함께 준비했다. 참여하는 엄마들이 조금씩 바뀌기는 했지만 올해로 벌써 4년이 되었으니 엄마 선생님들의 노하우도 대단히 많아졌다. 심지어 아이들과 제과제빵 수업을 하면서 제과제빵 자격증을 딴 분도 있다.

처음 제과제빵 수업이 생길 때부터 참여한 박지은 씨는 "학교에 조금이나마 도움이 되고자 시작했던 활동이 오히려 저 자신에게 많은 도움이 되었습니다. 제과제빵 실력이 늘면서 나름 자신감도 생기고, 쿠키맘들과 정도 돈독해졌지요. 저도 아이들과 함께 커가고 있음을 느낍니다." 하면서 오히려 자신에게 많은 도움이 되었다고 말한다.

학부모가 수업에 참여하는 게 부담스러울 수도 있지만 조금만 생각을 바꾸면 수업의 틀을 다시 생각하게 하고, 다양성의 측면에서 시사점을 찾을 수 있는 좋은 사례라고도 볼 수 있다. 수업은 우리가 흔히 생각하는 것처럼 정해진 틀에 따라 정해진 시간 안에 목표를 달성하는 공학적인 개념이 결코 아니기 때문이다. 수업은 단순히 한 시간, 한 시간의 단편적인 수업을 합치는 것이 아니라 오랜 시간을 두고 꾸준히 배우고 익히면서 성장하는 것이라 믿는다. 그래서 엄마 선생님들의 학교 나들이는 함께 성장하고 배우며 깨치는 귀한 기회이다.

주마다 책을 읽어주는 엄마들도 있다. 특정 학년을 대상으로 책을 읽어줄 수 있는 형편이 되는 엄마들이 봉사를 하고 있다. 그리고 엄마들은 월요일과 목요일의 책동아리 활동에도 참여를 한다. 학교를 처음 시작할 때 책마루어린이도서관에서 설명회를 열었던 때문인지 장승 학부모 가운데에는 '어린이도서연구회' 회원들도 제법 된다.

책이란 뭘까 고민을 하게 돼요. 나에게 재미있는 책, 책 읽는 즐거운 시간이 아이들에게도 그럴까? 그럼에도 불구하고 책 읽는 시간이 점점 줄어드는 아이들에게 책의 즐거움을 주고자 하는 마음이에요. 어찌 보면 이 말은 누구나 하는 말인 것 같고, 책을 읽어주면서 아이들과 대화를 한다고 생각해요. 어른들의 책 읽기는 자기 경험에서 얻은 결과나 과정을 바탕으로 이야기하기 때문에 한계가 있어요. 반면 아이들과 함께하는 책읽기는 다르지요. 아이들 생각은 어디로 튈지 모르는 공과 같다고나 할까요? 책 읽어주기를 하면서 생각지도 못한 부분을 이야기한다거나 그림을 찾아내기도 하고 아이들만이 느낄 수 있는 감정들을 전달받고는 해요. 특히 유치원생들이 더하지요. 책 읽어주기 쉽지 않아요. 잘하고 있나 반문하는 시간들도 많고요. 그런데 항상 힘을 받아요. 이상하지요? 말썽꾸러기 아이들에게서 나오는 에너지 아시죠? 아쉬운 점이 있다면 정말로 아이들이 책 읽을 시간이 없다는 거예요. 작년 책동아리에 참여하면서 아이들에게서 듣는 즐거움을 많이 빼앗았다는 거예요. 우리 아이들은 책 읽어와서 토론하는 것보다 이야기 들으면서 그때그때의 느낌을 이야기하는 것을 더 좋아하더라고요. (최선희, 김상훈 엄마)

아이들과 책을 공유하는 것은 단순히 아이들을 지도한다는 개념을 뛰어넘는다. 교사들이 수업을 하면서 아이들에게 배우기도 하고, 깨치기도 하는

학교가 돌아왔다

것처럼 책을 읽고 이야기를 나누면서 자연스럽게 아이들의 기발한 상상력을 만나기도 하고, 아이들의 재치를 만나기도 한다. 이런 과정이 참 귀한 것은 엄마들이 단순히 아이들을 학교에 보내고 학교에 의존할 수밖에 없는 교육 수요자의 공학적 개념에서 벗어나는 기회를 갖는다는 것이다. 비록 모든 엄마들이 다 참여할 수는 없지만 수업이 교사들만의 전유물이 아니라 함께 나눌 수 있다는 발상의 전환으로서 의미가 크다. 더불어 아이들도 좀 더 친근한 모습으로 편하게 수업에 참여할 수 있게 되었다.

2013년에 주마다 학교에 와서 2학년 아이들에게 책을 읽어주었어요. 좋아하는 아이들도 있고, 그 시간에 그냥 놀고 싶은 아이들도 있죠. 선생님이 아니어서 말도 잘 안 듣고, 워낙 우리 애들이 자유롭잖아요. 그래도 우리 아이들 하나하나 알아가는 게 참 즐거웠어요. 학교에 오면 꽉 안아주는 아이도 있고, 선물로 안아준다고 하면 도망가는 녀석들도 있고요. 저도 아이를 키우지만 제가 제 아이를 다 알지는 못하잖아요. 그 녀석들 입을 통해서 내 아이에 대해 듣고, 또 그 녀석들 하나하나에서 내 아이를 찾게 되기도 해서 내 아이를 대하는 데도 도움을 받았어요. (김원, 강동진 엄마)

내 아이를 키우지만 내 아이를 다 알지 못하는 것. 그것은 모든 부모의 숙제이기도 하다. 부모는 어쩔 수 없이 자기 자식을 객관적으로 바라보지 못한다. 하지만 학교에 오고가면서, 다른 아이들과 이야기를 나누면서 객관으로 보이는 우리 아이의 모습을 찾게 되는 것이다. 이것은 곧 부모와 자식의 관계를 회복할 수 있는 기회로 이어지고, 좀 더 성장하는 계기가 된다.

여름(7월)과 가을(10월)에는 창의적 체험활동으로 전교생이 참여하는 계절학교를 연다. 한 주 동안 16시간에서 20시간 정도 열리는데, 저학년과 고학년 강좌로 나뉘어 선택한 강좌를 들을 수 있다. 계절학교에서도 부모님들은 재능을 발휘할 기회를 갖는다. 여름계절학교에는 바느질 동아리 엄마들이 참여하고, 가을계절학교에서는 그림자극 강좌를 돕는다. 수시로 엄마들이 참여를 하니까 '어떤 엄마는 오는데 우리 엄마는 오지 않는다'고 비교를 하는 모습을 우리 아이들 사이에서는 거의 찾아볼 수 없다.

계절학교 수업(꼼지락꼼지락)이나 다른 수업(전래놀이)을 연계하여 학부모가 함께 참여하는 수업 등으로 아이들을 만나면서 내 아이만 잘 되길 바라고, 학부모로서만 바라보던 편협한 시각에서 벗어나 학교와 아이들, 선생님들에게 일어날 수 있는 학교 안의 일들에 대한 이해를 조금은 할 수 있게 되었어요. 그래서 '내 아이'만을 바라보는 조그맣던 엄마의 마음이 '우리 아이들'을 바라볼 수 있는 엄마의 마음으로 조금은 성장하지 않았나 하는 생각도 들어요. (임진이, 이재서 엄마)

내 아이만 바라보는 마음에서 전체 아이들을 바라볼 수 있는 마음으로 성장했다는 말이 참 가슴에 다가온다. 얼핏 다른 시선으로 보면 '무슨 부모들이 학교 수업에 그렇게 자주 참여해? 참 이상한 학교네.' 할 수도 있겠지만 한 학교의 빛깔과 문화는 모든 구성원들이 힘을 합쳐 만들어가는 것이다. 장승학교에서는 교사만 선생님이 아니다. 엄마들도 선생님이다.

● ● 학교를 찾아 무작정 왔어요

애벌레 / 송채인 (장승초 6학년)
한참 밤을 까고 있는데
수아가 밤을 들고 와서
"여기 애벌레 있다."
살펴보니 애벌레가 구멍 안에서
꼬물대고 있다.
진짜 조그마한 생명이 움직이고 있으니
귀엽고 신기하다.
애벌레는 밖을 빼꼼 보더니
밤 속으로 쏙 들어가 버린다.
분명히 못 먹는 밤인데도
꼬물대는 애벌레가 귀엽다.
애벌레를 들풀 많은 곳에 내려주었다.
잘 클 수 있을까?
꼭 잘 커서 세상으로 나오렴.
(2012. 9. 27)

장승 학부모들 가운데 경기도에서 이사를 온 집이 여럿 있다. 어떻게 장승학교를 알게 되었는지 신기하고, 학교를 찾아 우리 동네까지 온 부모들의 열정과 용기가 정말 대단하다. 경기도에도 제법 이름 난 작은 학교가 있고, 무엇보다 생활의 터전과 직업이 있었을 텐데 그 모든 것을 내던지고 '아이들이 행복한 학교'를 선택한 그 용기는 어디서 나왔을까? 물론 어떤 선택을 할 때는 무엇인가를 포기해야만 기회가 온다. 이른바 기회비용이다. 그럼에도 내가 지금 누리고 있는 것들을 포기하고 새로운 환경과 문화를 선택하고 그 속에서 적응하며 사는 건 정말 어려운 일이다.

내 경험에 비추어 볼 때, '학교가 살아나면 마을이 살아난다.'는 것은 충분히 맞는 이야기다. 실제로 장승학교가 살아나면서 25세대가 넘게 학교 근처로 이사를 왔다. 경기도 분당에서 내려온 오정화·최윤경 씨 부부는 수빈이(6학년)와 슬기(3학년), 윤재(1학년)를 우리 학교에 보내고 있다. 2013년 2월에 경기도 분당 생활을 정리하고 부귀면 세동리 원세동마을에 집을 사서 귀촌했다. 창창한 젊은 나이에 모든 일을 정리하고 내려오는 건 참 쉽지 않았을 텐데, 그 어려운 선택을 하게 된 계기는 무엇일까?

지금이 최고입니다. 내려올 때 마음이나 지금이나 똑같아요. 내가 생각했던 이상향대로 살고 있는 기분이에요. 아이들이 사교육을 받지 않고, 마을 아이들이랑 놀 수 있는 것이 참 좋습니다. 분당에 살 때는 아이들이 사교육을 많이 받았어요. 아이도 많이 힘들어 했지요. 그래서 내려오게 된 것입니다. 지금 도시 사람들이 아이들 학원에 보내고, 사교육을 시키고 싶은 대로 시킨다고 해서 아이들이 잘사는 것은 아니라고 생각해요.

학교가 돌아왔다

그렇게 하는 것이 사실 아무런 의미가 없다고 생각하거든요. 부모들 욕심으로 하는 거지요. 단지 우리가 자랐던 그대로 우리 아이들이 자랐으면 좋겠어요. 그래서 저는 전혀 불안하지 않아요. (오정화, 오수빈 아빠)

경기도 분당은 땅값도 비싸고 교육환경이 좋아 일명 잘나가는 곳 가운데 하나다. 살 만한 곳이었을 텐데, 그 생활을 과감히 정리하고 내려올 수 있었던 용기는 어디서 온 것일까? 오정화 씨는 자신이 자랐던 어린 시절을 떠올렸다. 어린 시절 동무들과 골목에서 뛰어놀던 추억. 그런데 자신의 아이들은 도시에 살면서 그렇게 놀 수 없었다. 돈을 버는 것도 다 아이들 잘 키우자고 하는 것인데 정작 아이들이 놀지 못하고 학원에 내몰리는 모습이 정말 싫었다.

6학년 민혁이와 유치원에 다니는 주혁이의 엄마, 아빠인 정철기·이은영 씨 부부는 전주에 살다가 아이들 교육을 위해 이사를 온 경우다. 정철기 씨는 직장이 전주여서 이곳 진안에서 출퇴근을 한다. 시골에 사는 것이 좋기는 하지만 직장이 전주라 여러 가지 어려움도 있다고 한다.

정말 좋습니다. 우리 애들이 펼칠 수 있는 환경이 참 좋아요. 어느 누구한테든 꼭 한 번 와보라고 말하고 싶어요. 이곳에 올 때는 사실 약간의 부담이 있었어요. 현실이 맞지 않았습니다. 우선 아파트에서 사는 것이 익숙하고, 제 직장 문제도 있었지요. 술 한 잔 하다 보면 전주에서 진안까지 왔다 갔다 하는 것이 참 힘들기도 했습니다. 솔직히 한 2년 정도만 시골에 살려고 했는데 와서 살아보니 참 좋아요. 겪어봐야 압니다. 무엇보다 애들이 자유롭고 꿈을 펼칠 수 있는 기회가 많아서 좋습니다. (정철기, 정민혁 아빠)

시골에서 사는 것이 꼭 편하고 좋은 것만은 아니다. 그래도 살다 보면 정철기씨 말대로 나름 매력이 있다. 무엇보다 아이들이 사교육을 받지 않고, 학교에 편하게 다니고, 마을에서 자유롭게 놀 수 있다. 시골생활을 선택하지 않았다면 아이들은 도시에서 사교육을 받고 있을 것이고, 그로 인해 아이뿐만 아니라 부모도 스트레스를 받고 있을 것이다. 시골생활을 주저하는 학부모들에게 오정화 씨는 자신의 생각을 이렇게 밝혔다.

시골에 오면 내 삶이 바뀝니다. 도시에 살 때는 도시에 사는 것이 전부라고
생각했어요. 하지만 그렇지가 않아요. 쳇바퀴 돌듯이 사는 삶이 전부가
아니니까요. 조금이나마 지니고 살던 욕심을 버릴 수 있습니다. 누구나 욕심은
있지요. '나는 왜 너처럼 돈을 벌지 못하지?' 하고 비교를 하면 내 마음이
행복해지지 않거든요. 그런데 이곳에 와서는 그런 비교를 하지 않아도 됩니다.
도시에서 내가 왜 그렇게 살았는지 후회스럽기도 해요. (오정화, 오수빈 아빠)

학교를 찾아 이사를 온 학부모들의 만족도는 대단히 높다. 우선 아이들의 삶이 달라졌고, 부모들의 삶도 여유롭게 변했기 때문이다. 치열한 도시의 삶이 아닌 여유로운 시골의 삶이 학부모와 아이들의 마음을 여유롭게 바꾸고 있는 것이다. 처음에는 아이들이 그저 시골학교 다니며 건강하게 자라기만 해도 좋겠다고 생각했던 분들이지만, 그런 소박한 마음이 식구들의 행복을 더욱 키워주고 있다.

학교가 돌아왔다

● ● 내년에도 담임 걱정이 없어요

학교 / 000(00초 5학년)
요즘 학교 가기가 괴롭다.
일찍 일어나기도 힘들고
자리도 남자 사이에 끼고
짝꿍도 변태 같고,
학교는 왜 있을까?
꼭 공부만 배우려고 있는 걸까?
학교 생각만 하면 머리가
지끈지끈 아프다.
귀신이 와서 누르나?
학교 가기가 무섭다.
안 다니면 아빠랑 엄마가
감옥 간다니 안 갈 수도 없고,
슬프다.
(2013. 4)

새 학년이 다가오면 부모들의 가장 큰 관심사는 우리 아이의 담임선생이 누가 될까 하는 것이다. 아이들에게 잘하고, 학부모와 소통하는 담임선생이 되면 운이 좋은 거지만, 그렇지 않을 때는 이러지도 저러지도 못하는 처지가 된다. 마치 복불복처럼 좋은 담임선생을 만나는 것은 아이의 운이기도 하지만 부모의 운이기도 하다. '좋은 선생님을 만날 때도 있고, 안 좋은 선생님을 만날 때도 있는 거지 뭐.' 하고 생각하면 마음이 좀 편해지기는 하지만, 어쨌든 걱정이 많을 수밖에 없다.

담임선생 때문에 아이가 학교 가기를 싫어한다면 부모 마음은 어떨까? 참 속이 상하지만 어디 하소연할 데도 없다. 어쩔 수 없이 한 해를 참는 수밖에. 전학을 가는 방법도 있지만 그 또한 쉽지 않다. 어떤 학부모는 좋은 담임선생은 아니더라도 아이가 학교 안 가겠다는 말 없이 다녀주기만 해도 고맙다고 한다.

일부의 이야기겠지만, 교사로서 이런 말을 들을 때면 속상한 마음이 드는 것은 어쩔 수 없다. 2011년에 아이를 장승초에 보내게 된 어느 학부모의 말이다.

장승초에 외적으로 내세울 만한 것은 별로 없는 것 같아요. 방과 후 활동, 이런 건 전주 시내 학교도 모두 하거든요. 따라서 이런 활동이 중요한 게 아니에요. 저는 여기 장승초에서 제일 고마운 것, 만족하는 것은 담임 걱정을 할 필요가 없다는 거예요.
시내 학교에서는 이맘때(10월 하순) 엄마들이 제일 걱정하는 게 '내년에 우리 아이 담임 누가 될까'거든요. 우리 애 이전 학교 엄마들과 지금도 가끔

만나는데, 만나면 주로 대화가 'OOO 선생님 어떠냐, 그 선생님은 무엇
좋아하냐, OOO 선생님 공부 많이 시키냐, 애를 때리느냐' 하는 거예요. 이
학교로 아이를 옮긴 이후에도 여러 엄마로부터 전화를 받았어요. 과거 우리
아이를 담임했던 선생님 어떠냐고 묻는 전화였어요. 정말 엄마들은 '내년에
우리 아이 담임이 누가 될까?'가 가장 큰 관심사예요.
그런데, 우리 장승초에서는 그런 걱정을 하지 않아요. '누가 담임 돼도 좋다.'
는 학부모의 믿음이 있기 때문입니다. 얘기해보면, 다른 엄마들도 모두
그렇게 생각하더라고요. 이전 학교 엄마들이 장승초의 이런 점을 가장
부러워하더라고요. 저 역시 장승초에 대해 전주 시내 엄마들에게 말할 때
가장 자신 있는 점입니다. 장승초 엄마들은 내년 담임 걱정하지 않는다는 점
말이에요. (박승배, 2011: 43)

부모들이 교사들을 믿어주니 그저 고마울 따름이다. 하지만 2011년 첫해
에는 우리가 잘못하면 아이들을 장승초에 보낸 부모들이 떠날지 모른다는
불안감이 있었다. 그래서 밤늦게까지 일을 하더라도 아이들에게만큼은 잘
하려고 노력했다. 그런 노력을 알아준 것만으로도 고맙다.

앞으로 장승의 전통에 따라 철학과 교육과정을 함께 고민할 수 있는 교
사들을 지속적으로 확보할 수 있느냐 하는 것은 큰 숙제 가운데 하나다. 정
해진 인사 시스템에 따라 본인이 원하기만 하면 학교 철학과는 관계없는 교
사도 올 수 있기 때문이다.

스승의 날 특집 방송 / 이현희(진안중앙초 6학년)
밤 10시부터 교사가 무엇을 하는지 나왔다. 교감이 되려고 교장의 취미를

알아서 같이 하러 다니고, 공문서를 처리하러 다닌다. 학생을 잘 가르쳐서
교감이 되는 것이 아니라 교장에게 잘 보여서 교감이 된다. 또 교감이 되려고
가산점을 얻는다. 뭔 뜻인지는 모르지만 대충은 알겠다. 선생이 학생을 잘
가르쳐야지 자기 공문서 처리하려고 학생 자습 내준다. 차라리 나 같으면 교감
안 하겠다. 그리고 선생이나 계속하겠다. 학생들 피해가면서까지
그렇게 하는 까닭이 뭘까? 정말 궁금하다. 그리고 선생을 기다리는 학생도
불쌍하다. 똑같이 돈 내는데 수업은 안 해주고 원. 차라리 전학을 가지.
(2009. 5. 15)

현희가 스승의 날에 EBS 방송을 보고 쓴 일기다. 교사들의 승진 구조가
바뀌지 않은 현실에 비추어 보면 현희의 글은 여전히 유효할지도 모르겠
다. 물론, 요즘에 아이들에게 자습을 내주고 공문서를 처리하는 교사는 거
의 없겠지만 말이다. 선생 노릇하는 나를 늘 돌아보게 하는 글이다. 아이들
이 어려서 모를 것 같지만, 아이들도 다 생각이 있고, 판단할 수 있다. 그 아
이들을 한 인격체로 존중하고, 최선을 다해 만나야겠다는 생각을 해본다.

● ● 마음껏 놀고 즐거우면 되죠

소영이와 놀고 싶다 / 김시우(장승초 3학년)
지금 소영이와 놀고 싶다.
지금 세동천에 가서
소영이와 놀고 싶다.
지금 세동천에서
다슬기와 송사리를 잡고 싶다.
(2014. 5. 29)

장승 아이들은 여름철이면 학교 옆 세동천에서 자주 물놀이를 한다. 학부모들도 주말이면 아이들과 함께 돗자리와 먹을거리를 준비해 세동천으로 놀러 온다. 학교 둘레에 개천이 있다는 것이 그렇게 좋을 수 없다. 물이 썩 깊지 않으면서도 깨끗한 편이다. 요즘 한창 하천공사를 하고 있어 사용할 수 없는 것이 아쉽기는 하지만, 올해가 지나면 아이들은 또 냇가에서 놀 수 있다.

초등학교 때 많이 놀아야 한다는 데는 대부분 동의를 하지만, 부모의 입장에서는 학년이 올라갈수록 마음을 비우기가 더욱 어려워진다. 그나마 '초등학교 때만이라도' 하고 단서를 붙이기는 하지만, 그래도 학년이 올라가면 마음을 다잡아야 한다.

초등학교 시기는 머리에 얼마나 집어넣느냐 하는 것은 별로 중요하지 않다고 생각해요. 정작 중요한 것은, 나중에 공부를 심각하게 해야 할 때에 그럴 수 있는 역량을 키우는 것이라고 봅니다.
사실 저는 이 학교의 하드웨어가 아니라 소프트웨어를 보고 아이를 보내고 있습니다. 이 학교 선생님들도 혁신학교 초기니까 시행착오도 할 것입니다. 그렇지만 전주 시내 아파트 단지에 있는 학교보다 이 학교를 통해 제 아이가 학습 역량을 잘 키우기를 희망합니다.
아직 판단하기는 이르지만, 지금까지는 제 선택이 잘못됐다는 생각은 들지 않아요. 혹 학교에서 채울 수 없는 부분이 있으면 그것은 학부모의 몫이라고 생각합니다. 학교에 다 의지할 수는 없잖아요. (박승배, 2011: 54)

2011년, 장승학교에 아이를 보낸 부모의 마음을 잘 보여주는 말이다. 장승에서 배우는 아이는 훗날 진짜 공부를 해야 할 때 그만한 능력을 발휘할 수 있다고 믿는 듯하다. 사실 2011년 장승학교의 하드웨어는 아주 열악했다. 하지만 교사들은 늘 아이들을 중심에 두고 학교철학에 따른 여러 가지 활동을 의미 있게 하려고 노력했다.

학교가 돌아왔다

장승 아이들은 노는 것이 자유로워서인지 다른 학교 아이들에 비해 학교에서 놀다가 다치는 경우가 제법 있다. 좀 더 주의를 기울여야 하고, 안전사고가 발생하지 않아야 맞지만, 어쩌다 안전사고가 발생했을 때 학부모들이 교사들을 믿어주어서 참 고맙다.

언젠가 돌봄선생님과 1, 2학년 아이들이 용마봉에 감을 따러 갔다가 한 아이가 땅벌 집을 건드리는 바람에 10명 정도의 아이들이 벌에 쏘였다. 용마봉은 아이들이 워낙 자주 올라가는 산이라 교사와 동행하지 않고도 숲속 놀이를 자주 하는 곳이기도 하다. 그날도 선생님과 함께 올라가서 특별히 걱정하지 않았는데 그런 일이 일어난 것이다.

물속까지도 쫓아간다는 땅벌 집을 건드렸으니 아이들이 얼마나 많이 쏘였을까? 머리는 물론 온몸에 수십 방을 쏘였다. 심지어 벌이 머릿속은 물론 옷 안으로까지 들어갔다. 산에서 아이들 비명소리가 들리기에 아이들을 구하러 올라갔다가 나도 수십 방 쏘이고 말았다.

보건소로 가는 내내 아이들은 많이 놀란 탓인지 울음을 그치지 않았다. 어쨌든 보건소에서 주사를 맞고, 전주 큰 병원으로 가서 치료를 받았다. 부모들께 알려야 할 것 같아 전화를 드렸는데, 부모들마다 하는 말씀이 "아이고 선생님들이 더 놀라셨겠네요. 걱정 마세요. 장승이나 되니까 벌에 쏘이지요." 하는 것이다.

자칫 부모들이 학교를 믿지 않고, 학교와의 관계가 좋지 않았다면 학교를 공격하기 위한 빌미가 될 수도 있었을 터인데 학교에서 일어나는 일을 모두 긍정으로 생각해준다.

부모들이 아이들을 자유롭게 키우기를 바라고, 그런 마음으로 장승학교에 아이들을 보내기에 더욱 너그러운 마음으로 이해해주는 것 같다. 이럴수록 학교도 더 책임감을 가지고 아이들의 안전은 물론 궁극으로 이루고자 하는 교육을 실천해야겠다.

일단은 아이들이 뛰어노는 것이 좋습니다. 우리 어렸을 때처럼 아이들이 뛰어놀면서 자랐으면 좋겠어요. 도시에서 사교육을 받고 자라는 아이들을 생각하면 안쓰럽기도 해요. 삶의 본질이 무엇인지를 아직 찾지 못했다고 할까? 시골로 간 사람들을 부러워하기는 하지만 실천하지 못하는 사람들이 많을 것이라고 생각돼요. 우리도 여기에 오지 않았을 때는 그렇게 살았으니까요. 하지만 실행하면 됩니다. 그러면 아이들도 부모도 여유 있는 행복을 찾을 수 있습니다. (이환, 이재서 아빠)

마음껏 뛰놀 수 있는 마당이 있고, 집에서 뛴다고 누가 뭐라고 할 사람도 없다. 마음껏 뛰놀 수 있으니 아이의 표정이 밝아지고, 학교 가는 것을 즐거워하니 좋다고들 한다. 더군다나 마을에 아이들이 별로 없을 때는 놀 아이들이 많지 않았지만 이제는 많이 이사를 와서 또래 아이들이 제법 된다. 어울려서 전통놀이도 할 수 있고, 경기도 할 수 있다. 학년 구분 없이 어울려 논다.

학교가 돌아왔다

학교에서 놀고, 집에 와서도 놀게 되니 아이들도 충분히 놀았다는 생각을 하게 된다. 이렇게 놀면 아이들 몸이 건강하게 되고, 덩달아서 마음도 건강하게 된다.

우리, 잘 지내고 있어요
'불가근 불가원'이라고요?
학교 문화가 바뀌면 동료성이 회복된다
마을 주민으로 살아가기
킹콩샘? 그냥 킹콩이라 불러도 괜찮아

5부

관계성을 회복하다

● ● 우리, 잘 지내고 있어요

어진이형 / 김진기(장승초 5학년)
지리산 길을 가다가
어진이형이
도움이 필요한 것 같아
도와주었더니
내가 들고 있던
코펠을 들어준다.
미안하다.
힘들까 봐 달라고 하고 싶었는데
나도 힘들어서
달라고 하기가 싫었다.
진짜 미안했다.
(2013. 9. 23)

　　교사로서 가장 기쁠 때는 내가 만난 아이들이 다른 사람을 먼저 배려하
고 나누며 챙기는 모습을 볼 때다. 자기 똑똑한 줄만 아는 이기적인 아이들
은 별로 매력이 없다. 충분히 자신의 잇속을 차릴 법도 한데 자신보다는 다
른 사람을 먼저 챙기고 도우려는 아이가 있으면, 조금 아이가 부족해도 멋

학교가 돌아왔다

져 보이고 '역시 아이들은 그래야지.' '선생 하는 맛이 이 맛이야.' 하면서 교사로서 사는 맛도 느끼고, 나도 마음이 따스해진다. 세상이 어떨지언정 나도, 아이들도 정의롭게 살았으면 하고 기도한다.

진기와 어진이는 2박 3일 지리산 종주에 같은 모둠으로 참여했다. 모둠별 공동으로 주어진 짐은 함께 나누어 들어야 한다. 험한 산에서는 손에 드는 작은 짐 하나도 엄청나게 큰 짐이 된다. 그냥 걸어도 힘든 산길을 코펠을 들고 오르는 것은 여간 어려운 일이 아니다. 마땅히 편하고 싶은 마음이 생길 수밖에 없다. 그럼에도 서로 도우려는 마음을 낼 수 있다니, 참으로 귀한 생각이다. 다른 아이들과의 관계 속에서 내 역할을 찾아가고, 좀 더 동생들을 챙겨야 하겠다는 마음을 낸 것이다.

작은 마음일 수도 있지만 힘든 과정에서 낸 마음이라 더 귀하고 아름답게 느껴진다. 더불어 학년을 넘어 학교 공동체로서 아이들과의 관계성이 회복되는 것 같아 참 마음이 뿌듯했다. 힘들기 때문에 서로 이기적으로 굴고, 내 것만 챙기려는 마음이 컸을 법도 한데 아이들은 서로 배려하고, 나누려는 마음을 내었던 것이다.

엄마 / 손현아(장승초 6학년)
할아버지가 없는 지금
이따금씩 이런 생각을 한다.
'아, 밥도 없네. 밥해야겠다.
오늘 저녁은 뭐 먹지?'

이런 말을 하면 난
엄마가 된 것 같다.
(2012. 8. 27)

또 한 편의 시는 가슴을 울린다. 해마다 학급문집을 만들지만, 이 시는 특히 내 마음에 남아있다. 여름방학 때 일기장에 쓴 시를 건성으로 넘기고 살피지 않다가 겨울방학을 하고 나서 문집작업을 하다 발견한 시였다. 나도 모르게 아이에게 미안하기도 했고, 얼마나 힘들었을까 생각하면서 한참을 울었던 기억이 지금도 생생하다.

할아버지가 아파서 병원에 입원했을 때 현아가 쓴 시다. 현아는 초등학교 저학년 때 엄마가 돌아가시고, 학교 둘레 마을에서 할아버지와 오빠 둘과 사는 아이였다. 2013년 2월에 초등학교를 졸업하고, 아버지가 계신 익산으로 갔다. 2010년까지는 학생 수가 워낙 적어 또래 학년 동무가 한 사람밖에 없었다. 한창 친구가 그립고 놀아야 할 나이인데도 집에 가면 밥도 하고, 청소도 하고 온갖 집안일을 해야 했다. 겉으로는 표시 한 번 내지 않고 늘 당당하게 살았지만 마음으로는 늘 외로움을 안고 살아야만 했던 것이다. 그나마 2011년에 11명의 아이들이 전학을 와서 또래 동무들이 생겼다. 관계성을 이룰 수 없을 정도로 아이들이 적어진 시골생활의 한 단면이다.

전에 근무했던 학교에서 한 아이를 만났다. 전학을 온 아이였다. 큰 도시에서 잘 자란 것처럼 얼굴이 곱상했다. 사연을 들어보니 본래는 공부도 잘

학교가 돌아왔다

하고, 학교생활도 잘했다고 한다. 그런데 어느 날 아버지가 갑자기 돌아가신 뒤부터 많이 힘들었단다. 어린 나이에 아버지가 돌아가셨으니 그 충격은 이루 말할 수가 없었겠지. 더 아쉬운 것은 어머니와 대화가 잘 통하지 않아서 터놓고 말을 나누거나 아이의 마음을 이해해줄 사람이 없었다는 점이다.

그러다보니 결국 학교에 결석하는 날이 많아졌고, 가출도 여러 번 하는 아이가 되었다. 학교에서도 문제아 취급을 하기 시작했다. 심지어 눈에 거슬리니까 전학을 권유하기도 하고, 말은 하지 않았지만 차라리 그만두라는 눈치도 줬다고 한다. 그러던 아이가 갑자기 시골 작은 학교에 전학을 오게 된 것이다. 때마침 어머니 직장이 작은 학교 근처이기도 했다. 도시 학교를 다니다 부적응 때문에 그만두느니 혹시나 하는 마음으로 왔다고 했다. 큰 기대는 없는 듯했다. 그냥 학교만 다녀주면 고맙겠다고 했다. 시골학교 처지에서야 학생 한 명이 전학 오는 것을 고마워해야 할 일이지만, 전 학교에서 적응을 못했던 아이라 마냥 반가운 것만도 아니었다.

전학을 오던 첫날, 아이는 학교 밖을 서성거릴 뿐 교문을 들어서지 않았다. 억지로 어머니를 따라오기는 했지만, 차라리 학교를 그만두겠다고 했다. 어렵게 교실을 들어오기는 했지만 표정은 일그러져 있었고, 억지로 따라온 표정이 역력했다.

그러던 아이가 학교를 며칠 다니고부터 하루가 다르게 표정이 변해가기 시작했다. 정말 학교를 즐겁게 다니는 것이었다. 반신반의하던 선생님들도 놀라기 시작했다. 그냥 시골에 온 것만으로, 둘레 사람들이 편견 없이 있는 그대로 바라봐주는 것만으로도 아이는 학교를 즐겁게 다닐 수 있었다. 그 아이는 본래의 해맑은 아이의 모습으로 졸업을 했다. 그리고 전에 살던 대전으로 다시 돌아갔다.

작은 학교에 근무하면서 시골학교를 다니는 것만으로도 관계성이 회복되는 아이들을 참 많이 보았다. 특별히 무엇을 해주거나 특별히 관심을 많이 준 것도 아니었다. 그냥 다른 아이들과 크게 다르지 않은 관심을 주었을 뿐이다.

작은 학교는 학생 수가 적기 때문에 대인관계 능력이나 학생들의 경쟁심 그리고 자극을 일으킬 만한 요소가 적어서 문제가 많다고 생각하는 분들이 있다. 하지만 대인관계 능력은 아이들 수가 많다고 해서 좋아지는 것도 아니고, 아이들 수에 비례하는 것도 결코 아니다. 경쟁심이나 자극도 마찬가지다. 아이들을 경쟁사회에 잘 적응하게 하려면 어렸을 때부터 경쟁을 시켜야 한다는 논리는 옳지 않다. 오히려 어린 시절 놀았던 추억의 힘으로 경쟁사회를 당당하게 헤쳐 나갈 수 있다면 모를까.

입으로는 '아이들은 놀아야 한다'고 말하면서 정작 아이들이 놀고 있으면 불안해서 가만히 두지 못하는 어른들을 종종 본다. 그들은 정말 아이들이 놀고 있는 꼴을 보지 못한다.

경쟁이나 자극을 주기에 앞서 아이들이 실컷 놀도록 해주는 것이 필요하다. 아이들이 집안에서도 놀 수 있도록 환경이 되어 있는지도 돌아볼 일이다. 놀지 않아서, 놀 줄 몰라서 생기는 문제가 얼마나 많은가? 스마트폰이나 텔레비전, 컴퓨터 게임에 빠져있는 아이들을 교실에서 찾는 것은 아주 흔한 일이 된 지 오래다.

학교가 돌아왔다

아이들의 수가 많고 적음을 가지고 아이들의 관계성을 이야기하지 않았으면 좋겠다. 아이들의 관계성은 말 그대로 아이들 집단 속에서 스스로 아이들다운 문화를 만드는 것이다. 그 문화는 짧은 시간에 만들어지는 것이 아니다. 아이들이 서로를 배려하고 존중해줄 때 비로소 아이들다운 문화가 생긴다.

이러한 문화는 집단의 크고 작음과 아무런 상관이 없다. 작은 학교에서 오랫동안 대물림처럼 따돌림이 존재할 수 있고, 반대로 큰 집단에서 여럿이 한꺼번에 한 아이를 따돌릴 수도 있다. 정말 아이들에게 관심이 있는 어른이라면 아이들이 놀고 있을 때 혹은 아이들이 대화를 나눌 때 옆에 있어주기만 해도 어떤 문제가 있는지 금세 눈치를 챌 수 있다.

행여 뿌리 깊이 자리 잡은 잘못된 문화라 할지라도 아이들과 마음을 열고 함께 다가가면 풀릴 수 있다. 그것은 간섭이나 통제와는 다르다. 슬기롭게 풀어갈 수 있도록 판을 만들어주는 것이다. 더불어 아이들끼리 잘 지낼 수 있는 놀이문화가 있어야 한다. 아이들끼리 놀 수 있는 충분한 시간이 허용되지 않는 학교 공간에서 아이들의 관계성이 건강하게 회복될 수 있을까?

아이들은 놀면서 배우고, 익히고, 나누며 관계를 만들어간다. 놀면서 부딪히고, 싸우고 그리고 화해하면서 서로를 알아가는 것이다.

옛날부터 해오던 '오징어'라는 놀이는, 어쩌면 아이들에게 아주 위험한 놀이일 수도 있다. 그렇지만 지금 어른들이 어린 시절에 늘 하던 놀이였다는 것을 잊지 말았으면 좋겠다.

다행히 여러 지역에서 '내 지역의 아이들은 우리들 손으로 키우자' 하는 마음으로 학부모들을 중심으로 협동조합을 구성하여 돌봄교실이나 방과 후 학교를 운영하는 사례가 점점 늘고 있다.

진안에서는 2013년에 전국 최초로 학부모들을 중심으로 구성된 협동조합 마을학교가 문을 열었다. 애초의 목적은 방과 후 프로그램을 학교에서 직접 운영하면서 생기는 담당 교사의 과중한 업무를 줄여주고자 하는 것이었다. 이런 배경 아래 정규 교과는 선생님들이 전담하고, 방과 후 프로그램은 학부모들과 지역공동체가 책임지고 있다.

이와 더불어 간식도 과자와 음료수 대신 건강한 먹을거리를 제공한다. 학교에 친환경 식자재를 납품하는 진안마을주식회사와 계약하여 친환경 먹을거리와 고구마, 옥수수, 효소 등 지역 농산물을 간식으로 이용하고 있는 것이다. 또한 주민들은 스스로 전래놀이 지도자 자격을 획득하고 아이들과 함께 놀아주고 있다. 지난해에는 전래놀이 운동회를 개최함으로써 '순위'를 강조하는 기존 운동회 대신 '협력'을 강조하는 전래놀이를 즐기면서 공동체의 가치를 공유하는 시간을 만들기도 했다.

아이들의 놀이문화를 살리고, 또래집단의 관계성 회복을 위해 전래놀이를 살리는 것은 참 뜻 깊은 일이다. 아이들의 문화에 무엇이 정말 필요한지 좀 더 가까이 다가가려는 노력이 엿보여 참 다행스럽다. 아이들의 놀이문화를 회복시키는 것이 곧 아이들의 관계성을 회복하는 열쇠임이 분명하다.

학교가 돌아왔다

● ● '불가근 불가원'이라고요?

킹콩 선생님이 방문하신 날 / 배소영(장승초 3학년)
학교 다녀와서 옷을 갈아입고,
샐러드를 하려고
도마와 칼을 꺼낸다.
채소를 꺼내
아빠가 채소를 씻어주었다.
칼로 채소를 자르고,
아빠도 채소를 같이 잘랐다.
아빠가 고기를 삶아서
먹어보았는데 정말 맛있다.
밥을 다 준비했다.
킹콩 선생님이 왔다.
그래서 밥을 먹었다.
정말 맛있다.
아빠가 킹콩 선생님이랑
차방에 갔다.
(2014. 3. 24)

가정방문은 이제 시골학교가 아니면 찾아보기 어렵다. 하지만 나는 두 해 동안 전담교사를 할 때를 빼고는 열네 해째 꾸준히 가정방문을 해오고 있다. 아이와 부모님이 사는 모습이 궁금하기도 하고, 더 친해지고, 서로를 잘 알고 싶은 마음 때문이다. 어떤 때는 가정방문을 하려고 아이들에게 미리 이야기를 하면 "선생님, 우리 엄마가 오시지 말래요." 하기도 하고, 내가 간다고 한 날에 자리를 피한 분도 있었다.

사실 그 배경을 알고 보면 가정방문이 사라져가는 건 당연한 일일지도 모르겠다. 하지만 아이들 집을 가보면, 대번에 아이에 대해 이해할 수 있는 수 많은 자료들을 만날 수 있다. '아, 이 아이가 이래서 그렇구나.' '집안 형편이 어렵구나.' '어? 내가 몰랐던 부분이다.' 하면서 여러 가지 부모와 아이의 처지를 살필 수 있다.

교사들은 가끔 농담 반, 진담 반으로 "학부모는 너무 가까워도, 너무 멀어도 좋지 않으니 적당한 거리를 두어야 한다."는 말을 하곤 한다. 학부모도 교사가 부담스러운 존재겠지만, 교사에게도 학부모는 사실 부담스러운 존재다. 아이를 중심에 두고 만나기는 하지만, 편하고 가깝게 말하기가 조심스러운 것은 어쩔 수 없다.

세상이 험악해져서인지 교사와 학부모의 관계가 예전만 같지 못하다고도 한다. 더군다나 나이가 어리고 아직 결혼을 하지 않은 여교사들은 학부모 대하기가 참 어렵고 힘들다는 이야기를 종종 한다. 결혼도 하고, 어느 정도 나이가 있는 남자 교사의 경우는 조금 덜하겠지만 대부분 교사들은 학

학교가 돌아왔다

부모들과의 관계를 제일 어려워한다. 특히 언론과 방송에서 학부모가 학교로 찾아와 교사를 때렸다느니, 대놓고 욕을 했다느니 하는 보도를 내보낼 때는 더욱 그렇다.

부모 역시 마찬가지다. 담임선생이 가장 어렵다. 솔직하게 하고 싶은 이야기가 있어도 혹시 아이에게 피해가 가지 않을까 해서 입을 다물어버리는 경우가 참 많다. 아이를 학교에 맡긴 부모는, 약자일 수밖에 없다.

참 어려울 수 있겠지만 무엇보다 자주 만나고, 자주 통화하고, 이야기하는 것이 필요하다. 다모임이든 상담이든 자주 만나 아이에 대해 이야기를 나누고 소통해야 한다. 혹시 관점이 다르거나 잘못되었다면 학부모와 교사가 함께 성장할 수 있도록 꾸준히 교육을 함께 받는 것도 중요하다. 같은 철학을 가지고 함께 갈 때에야 비로소 아이에 대해 좀 더 깊이 있고, 성장하는 이야기를 나눌 수 있을 것이다.

나는 달마다 학급 학부모 모임을 했다. 처음 학부모 모임을 시작했던 때가 생각난다. 초임, 스물아홉 나이의 총각 선생이 열다섯 명의 학부모를 식당으로 불러 모았다. 그 전에 일단 거창(?)한 편지를 써서 아이들 편에 부쳤다. 가까운 선배의 조언에 따라 '쪼잔한' 모습을 보이지 않도록 밥값도 미리 계산을 했다.

한 해 동안 아이들과 이렇게 만나겠다, 도와 달라, 어떤 이야기든 해도 괜찮다며 두 시간 가까이 서먹한 자리를 했다. 학부모들은 학급 학부모 모임이 낯설기도 했지만, 형식적인 만남을 생각했던 것 같다. 그도 그럴 것이 시골학교에서 선생과 학부모들이 모여서 딱히 아이들을 중심에 놓고 이야기를 해본 경험이 없고, 학교의 문턱도 제법 높았기 때문에 학교에 오는 것 자체가 부담스러웠을 것이다. 하지만 그 이후로도 자주 만나 이야기를 나누다 보니 점점 가까워지게 되었다.

나 역시 마찬가지였다. 학부모들을 여러 번 만나면서 자신감도 붙고, 아이들을 중심에 두고 어떤 이야기를 나누어야 할지도 알게 되었다. 또 학부모들이 언제든지 드나들 수 있도록 교실 문턱을 낮추고, 학급 행사를 할 때도 학부모들의 의견을 미리 묻곤 했다. 그리고 1박 2일 독서캠프나 학급야영 등을 하면서 더욱 친해지게 되었다.

독서캠프를 보내며

방학 동안 독서캠프가 열리게 되어서 '올 방학은 무언가 보람된 생활을 하겠구나.' 기대 반 기쁨 반으로 방학을 맞이하였다. 독서캠프를 하루 이틀 앞두고 아이들 간식, 식사를 준비하는데, 왠지 나 자신이 동심의 세계로 들어간 것만 같아 마냥 즐거웠다. 드디어 독서캠프 날이 왔다. 아이들은 신이 나서 등교하는 날보다 더 일찍 일어나 난리법석이었다.

1박 2일의 독서캠프가 열리는 곳은 천반산 휴양림이었다. 날씨도 화창하고 경치도 아름다웠다. 아이들은 여장을 풀고 선생님의 지도하에 독서캠프의 일정, 뜻, 내용 등을 들었다. 어떤 아이들은 마냥 신이 나서 미소가 방긋방긋. 어떤 아이들은 방학 동안에도 책과 씨름을 해야 하는 마음에 즐거움 반, 짜증 반의 모습들이 엿보였다. 그렇지만 그 모습은 잠시뿐. 독서 퀴즈가 열리자 서로 먼저 발표하겠다며 손을 드는 아이, 손을 들어도 안 되니까 함성과 함께 자리에서 일어나는 아이들. 즐겁게 보고 느끼고 공부하는 아이들이 마냥 귀엽고 이쁘고 대견스러웠다.(중간 생략)

학교가 돌아왔다

4학년 아이들을 바라보면 어느 아이 하나 그늘진 모습 없이 밝게 자란다. 항상 책과 가까이 지내온 것, 그리고 선생님의 많은 배려와 가르침이 아이들의 마음을 감동케 했던 게 아닌가 하는 생각이 든다. (2003. 8. 9. 양영순, 동향초 4학년 박인선 엄마)

휴양림에서 아이들과 나는 책으로 독서캠프를 하고, 부모님들은 옆 찜질방에 모여서 이런저런 이야기를 나누었다. 아이들은 책과 함께 밤을 지새우고, 학부모들은 두런두런 이야기꽃으로 밤을 새웠던 기억이 새록새록하다. 아이들 이야기는 물론 살아가는 이야기도 나누고, 집에서 키운 먹을거리며 따뜻한 시골 정도 함께 나누면서 학부모들과 더 가까워졌다.

교실의 문턱을 낮추니 학부모 가운데 한 분이 아이들에게 그림책을 읽어주고 싶다고 하셨다. 흔쾌히 좋다고 하니, 주마다 한 번씩 학교에 와서 그림책을 읽어주었다. 아무리 바쁜 농사철이라도 아이들과 한 약속을 지켰고, 아이들에게 책 읽어준 이야기를 글로 써서 다른 학부모들과 나누기도 했다. 겨울방학 때는 학부모와 아이들과 함께 1박 2일로 여수 여행을 다녀오기도 했다.

어머니들은 어머니들대로 관계가 형성되었고, 아버지들 가운데 몇 분은 나를 동생처럼 대하며 마음을 나누는 사이가 되었다. 흔히 교사들이 말하는 '불가근 불가원'과는 달리 '자네 같은 선생, 참 처음 보네.' 하면서 마음을 열기 시작했고, 아버지들도 학교 활동에 적극 참여하게 되었다.

좋은 관계는 그 학교를 떠난 지 10년이 넘은 지금도 지속되고 있다. 내가 먼저 마음을 열고, 학부모들을 받아들이니 어려웠던 관계가 조금씩 회복되기 시작한 것이다.

　학부모와 교사의 관계성은 특성상 학부모가 먼저 다가오기에는 참 어려움이 많다. 자녀를 맡겨놓은 아쉬운 처지이다 보니 더욱 그렇다. 그럴 때 선생이 먼저 손을 내밀고 살가운 말 한 마디라도 나누면서 다가가면 참 좋겠다는 생각을 해본다.

　학부모와 자주 소통하고 나누는 길밖에 없다. 특히 시골학교는 더 가깝게 마음을 나눌 수 있는 관계가 형성되기에 좋은 조건이 참 많다.

●● 학교 문화가 바뀌면 동료성이 회복된다

청소 / 민진홍(송풍초 6학년)
연구발표회를 한다고
학교 청소를 사흘이나 했다.
유리창 닦는 것만 이틀을 했다.
당일이 되니까 선생님들도
180도 바뀌었다.
갑자기 친절해지셨다.
사람이 저렇게 변할 수 있나?
웃기면서도 신기하다.
(2008. 10. 31)

교사들에게 '승진'은 좀처럼 벗어나기 어려운 굴레 가운데 하나다. 물론 내 둘레에는 승진의 굴레를 벗어나 아이들과 함께 행복한 교실을 꿈꾸는 교사들도 제법 있다. 그렇지만 여전히 많은 교사들이 승진을 위해 근무평정을 잘 받으려 하고, 연구학교에서 근무하려고 하고, 연구 점수와 연수 점수, 가산점을 따려고 노력한다. 예전에는 교사로 25년을 근무해야 교감이 될 수 있었지만 지금은 20년만 근무하면 된다. 아마 대부분의 사람들은 교사들이 승진을 위해 소수점 셋째자리까지 점수 계산을 하는 줄은 꿈에도 모를 것이다.

내가 다섯 해 동안 근무했던 송풍초등학교는 많은 교사들이 가고자 하는 벽지학교였다. 지금도 물론 벽지학교다. 거기다가 내가 근무했던 2008년에는 연구학교도 운영했다. 한마디로 '연구학교 점수'와 '벽지학교 점수'를 동시에 딸 수 있는 곳이라 승진을 바라는 교사들이라면 누구나 선망하는 학교였다.

연구학교 발표를 해본 교사라면 잘 알고 있겠지만, 특별할 것도 없는 연구 주제를 가지고 두 해 정도 연구학교를 하는데, 그 결과는 늘 '훌륭했다.' 게다가 보고회가 끝나면 누구 하나 쳐다보지도 않는 그 결과물을 널리 알리기 위해 책자로 만들었다.

이처럼 많은 연구 결과만 놓고 보면 우리 교육은 자신감과 행복지수가 세계 최고라는 북유럽의 교육을 벌써 능가했어야 한다. 여러 교과의 연구학교는 물론 인성과 기타 분야의 연구에서도 늘 우리 아이들이 성장했다는 결론에 도달했으니까 말이다.

또한 연구학교의 취지대로라면 그 효과가 제대로 발현되어 아이들이 행복한 학교가 되었어야 하지만 현실은 전혀 그렇지 못했다. 연구학교 아이들은, 좀 심하게 표현하면 마치 연구발표회를 위한 연극배우 같은 느낌을 받았을지도 모를 일이다. 며칠 동안이나 대청소를 하고, 교사들은 평소 안 쓰던 존댓말을 쓰고……. 진홍이와 아이들은 교사들의 그런 위선을 이미 다 알고

학교가 돌아왔다

있었다. 그러면서 속으로 비웃고 있었던 것이다.

　규모가 큰 학교는 워낙 교사 수가 많기 때문에 같은 학년 교사들이 아니면 얼굴도 잘 모르고 지낸다고들 한다. 하지만 작은 학교는 큰 학교에 비하면 참 잘 지내는 편이다. 서로에 대해 잘 아는 편이고, 한 학교에 몇 년씩 함께 근무하면서 친해지기도 한다. 하지만 실제 내면으로 들어가 보면 썩 잘 지낸다고 할 수 없는 부분들이 있다. 그 까닭은 여러 가지가 있겠지만, 무엇보다 바뀌지 않는 승진 구조가 한 몫을 하고 있다. 요즘이야 덜한 편이지만 한창 경쟁이 치열했던 때에는 근무평정 점수를 놓고 교사들끼리 얼굴을 붉히는 일도 꽤나 있었다. 다 그렇지는 않겠지만 근본 문제가 해결되지 않는 한 교사들이 서로 속마음을 열고 다가가기에는 개운치 않은 부분이 도사리고 있는 것이다.

　'동료성'을 단순히 '서로 잘 어울려 지낸다'는 것만으로 해석할 수는 없을 게다. 좋은 게 좋은 것일 수도 있지만, 좋은 게 좋은 것만은 또 아니기 때문이다. 교사들끼리는 다 알고 있는 사실이지만, 마음은 불편해도 서로 모른 척 쉬쉬하며 덮고 지나가는 일들이 제법 있다. '좋은 게 좋은 거'라는 생각이 짙게 자리 잡고 있으니 알면서도 모른 체해주는 것이다.

　물론 나도 그런 적이 여러 번 있다. 그중 한 가지를 이야기하자면(아마도 무슨 그런 경우가 있느냐고 어이없어 하실 분도 계시리라 생각되지만), 어느 학교에서 교직원 친목회 간사를 맡고 있을 때였다. 따로 이야기 안 해도 다들 잘 아시겠지만 교사들은 대부분 친목회 때 배구를 한다. 또 하나 미리 밝힐 것은 대부분의 학교에서 교장선생이 당연직 친목회장을 맡는다.

나는 운동을 좋아하지만, 주마다 친목회를 배구로 하는 것은 동의하지 않는다. 하지만 초등 친목회 분위기상 배구를 할 수밖에 없다. 그러다 보니 많은 여선생들이 별로 즐겁지 않은 표정으로, 어쩔 수 없이 참석한다. 사건이 있던 날도 그랬다. 선생들은 그날따라 바빠 보였고, '오늘은 친목회 안 하면 안 되나?' 하는 표정이었다. 결국 친목회에 여러 선생들이 정해진 시간보다 늦고 말았다.

교장선생은 늦게 나온 교사들 때문에 화가 났는지 그냥 교장실로 들어가 버리고 말았다. 교직원들은 가시방석에 앉은 듯 이러지도 저러지도 못하다가 교장선생을 모시러 갔지만, 끝내 교장선생은 나오지 않았다. 어찌 할까 고민하다가 '앞으로는 절대 친목회 때 늦지 않겠다.'며 각서 비슷한 것을 써서 모두 사인을 하고 교장선생께 갖다 드렸다.

'교직사회에서' 어떻게 그런 일이 일어날 수 있느냐고 반문하실 수도 있겠지만 그때 분위기는 그랬다. 그러고도 한동안 열리지 못했던 친목회는 몇 달이 지나 교장선생의 기분이 어느 정도 풀리고 나서야 다시 열릴 수 있었다.

사실 동료성이 없는 조직에서는 누군가 바른 소리를 해도 잘난 척하는 꼴이 되고 마는 경우가 많다. 그러니 섣불리 바른 소리를 하기가 어렵다. 그럼에도 잘못된 것을 지적하고, 고치려는 노력이 없다면 그 집단은 진정한 동료성이 없다고 봐야 한다. 그나마 교사들끼리 옳고 그름을 이야기할 수 있는 구조가 되어 있다는 것은 조직이 살아있다는 증거이자 동료성이 있다는 증

학교가 돌아왔다

거이다. 참을 이야기하는 순간에는 조금 마음이 불편할 수도 있겠지만, 진정한 동료성은 거기에서 출발한다고 믿는다.

불편함, 그 불편함을 서로 이야기할 수 있어야 한다. 학교에서 잘못 행해지는 것이 있다면 서로 마음을 열고 이야기를 나눌 수 있어야 한다. 수업에 대해서, 아이들에 대해서 듣기 거북한 말, 불편함을 서로 나누어야 한다.

교내 방송이 울린다. 지금 바로 교무실로 모이라는 방송이다. 하나둘 교사들이 교무실에 모여 자리에 앉아 있다가 "상호간에 인사" 하면 인사를 나누고, 수첩을 꺼낸다. 교무선생이 우선 한 주간 있을 행사 등등을 설명하고, 각 계에서도 이야기를 한다. 형식은 아주 의례적이다. 이윽고 교감선생의 말씀이 이어진다. 드디어 교장선생 말씀. 교장선생 말씀이 길어지면 교사들은 펜을 들고 수첩에 그림을 그리거나 평소 읽던 책을 꺼내 읽는다. 심지어 손전화를 꺼내 문자를 보내거나 인터넷을 한다. 회의 내내 대부분의 교사들은 입을 닫고 객체로 참여한다.

너무 극단으로 표현했는지 모르겠지만, 누구나 그릴 수 있는 학교 회의 시간의 모습이다. 어떤 학교에서는 교사들에게 충분한 토론의 기회를 주겠다고 하면서도 정작 교사들이 의견을 결정해 올리면 어느 순간 바뀌는 경우가 허다하다. 자기들이 토론하고 결정했던 사항들이 한순간에 무너지는 것을 본 교사들은 그 다음부터 더욱 입을 열지 않게 되고, 그 학교의 회의문화는 실종되고 만다.

회의문화를 제대로 바로잡는 것도 동료성을 회복하는 아주 중요한 부분

201

이다. 회의시간에는 업무에 관한 이야기보다 아이들의 이야기를 나눌 수 있어야 한다. '학교문화'라고 해서 특별히 뭔가 새롭게 하는 것은 아니라고 본다. 마땅히 학교 현장에서 이루어졌어야 할 것들, 바르지 못한 관행에 따라 잘못 만들어진 것들을 제자리로 돌리는 것이다. 그것은 곧 관행을 벗어나 교육현장을 조금씩 바꿔나가는 것이다.

동료성, 관계성 회복은 누군가 혼자 나서서 할 수 있는 일이 아니다. 서로가 마음을 모으고, 자기의 것을 내려놓아야만 가능한 일이다. 아무리 작은 부분이라도 독단으로 결정하지 않고 서로를 존중하는 마음으로 더 듣고 더 이해하다 보면 자연스럽게 그 학교만의 색깔을 찾아갈 것이다.

'혁신'이란 말을 사전에서 찾아보면 '낡은 조직과 방법 따위를 바꾸어 새롭게 하거나 구습을 버리고 새롭게 하는 것'이라고 되어 있다. 기존에 이루어져 왔던 것들을 모조리 구습이라고 하면 마음 불편할 분들이 많겠지만, 지금까지 교육계의 관행으로 굳어진 잘못된 것들 다시 말하면 교육계에 근무하는 사람이라면 누구나 알고 있는 불편한 진실을 깨기 위해서는 다소 억센 표현이지만, 분명히 '혁신'이 필요하다.

학교 혁신을 어느 방향에서 어떻게 접근하느냐의 문제는 학교의 형편과 처지에 따라 크게 다를 것이다. 우선 학교마다 구성원들이 다르고 생각이 다르며 바라보는 관점 또한 제각기 다르기 때문이다. 따라서 접근 방향과 접근 방식은 물론 혁신을 이루는 속도도 다를 것이다. 만일 혁신의 환경이 아직 무르익지 않았다면, 시간을 두고 학교 현장의 형편 또는 관리자와 학

학교가 돌아왔다

교 구성원들의 노력에 맞춰 서서히 진행해야 한다.

아직 학교 현장에서는 '혁신'이란 말을 불편해 하고, 거부감을 가진 분들이 많다. 그런 분들은 '우리 학교는 학교 혁신이나 혁신학교를 하지 않아도 그 전부터 잘 해왔고 지금도 잘하고 있다. 그런데 왜 굳이 학교 혁신이란 칼을 들이대어 우리 학교를 힘들게 하느냐?'고 한다. 물론 '혁신'이란 말이 필요 없을 정도로 잘 되고 있는 학교도 많다. 하지만 학교 구성원 몇몇이 바뀌었다고 순식간에 학교문화가 바뀌는 것도 아니고, 설사 그렇게 바뀌었다 하더라도 그것은 진정한 학교문화의 정착이 아니다. 중요한 것은 구성원이 바뀌어도 시스템에 따라, 자율과 합리에 따라 운영되는 학교문화다.

지금까지 바꾸려는 노력은 했으나 바뀌지 않았던 것들 또는 전혀 바꾸려고 노력하지 않았던 것들을 본질의 관점에서 다시 살피고 점검하면서 구성원들의 생각을 모으는 과정이 중요하다.

나는 가끔 학부모들과 이야기를 나누다가 "혹시 선생 계급이 무엇인지 아세요?"하고 물을 때가 있다. 그러면 대부분 웃으면서 "아니, 무슨 선생님이 계급이 있어요? 군인도 아니고." 하고 대답한다. 그러면 나는 "왜 없어요? 소위 선생이 그럴 수 있어?' 하고 말하니까 계급이 소위지요." 하고 웃는다.

하지만 정말 냉정하게 생각해보면, 교사들끼리 서로를 격려하고, 성장하려는 노력이 없다면 사회에서 바라보는 교사의 계급은 소위조차 안 될는지도 모를 일이다.

● ● 마을 주민으로 살아가기

운동회 / 최정안(송풍초 6학년)
운동회 마지막 경기
청백 계주를 한다.
다른 사람이 뛸 때도
내 가슴은 쿵쿵거린다.
내 차례가 돌아올 때
지면 어쩌나 지면 어쩌나
바통을 받고 전력 질주할 때
머리는 텅 빈 채로 막 달린다.
상대를 따랐다.
힘들어도 기분은 하늘을 날 것 같다.
(2005. 9. 27)

　　불과 10여 년 전 만해도 학교 운동회 날은 마을 잔칫날이었다. 예전에 비해 학생 수가 많이 줄기는 했지만 학부모들과 마을 사람들에게 운동회 날은 하던 일을 멈추고, 손에 바리바리 먹을거리를 싸들고 학교를 방문하는 날이었다. 손자가 학교를 다니건 다니지 않건 간에 마을 어르신들까지 전부

　　　　　　　　　　　　　　학교가 돌아왔다

와서 운동회에 참여하고, 준비해온 먹을거리를 나누면서 오랜만에 회포를 푸는 자리였다.

시골학교가 생긴 유래를 살펴보면 운동회가 마을 잔치가 될 수밖에 없는 까닭을 금세 알 수 있다. 대부분의 시골학교가 마을 주민들이 십시일반 돈을 걷거나 땅을 희사하여 만들어졌기 때문이다. 배움이 짧았던 시절, 마을에 있는 학교의 가치는 다른 어떤 것과도 비교할 수 없을 정도로 컸다. 자식 교육에 대해 남다른 열정을 지닌 우리 민족의 특성이 학교를 세우는 데에도 유감없이 발휘된 것이다.

그래서 시골학교는 예로부터 마을의 공동체성을 이어주는 끈이자 중심이었다. 학교에 애착을 가지고 귀한 마음을 가지는 것은 너무 당연한 이야기였다. 학교에 새로운 선생이 오면 온 마을이 떠들썩한 것도 당연한 일이었다. 더군다나 학부모들이 '선생님 말씀'이라면 콩밭에서 콩이 난다고 해도 믿었던 시절이 아니었던가. 그 당시 학교 선생들은 교통편이 좋지 않았던 터라 대부분 근무하는 학교 둘레에서 살았다. 그러다 보니 학부모와 선생의 관계 또한 좋은 편이었다.

순식간이었다. 이농현상에 따라 급격하게 시골학교 학생 수가 줄기 시작했다. 결코 단순한 차원의 문제가 아니었다. 이농현상은 인구의 도시 집중과 주택·교통·빈민 등의 도시 문제가 생기게 했고, 시골에서는 일할 사람이 부족하게 되었다. 뿐만 아니라 땅을 가진 사람들이 도시로 나가면서 도시에 사는 자녀들이 농지를 상속받거나 보유하게 되었다. 이 때문에 농민이 아닌 사람들의 농지 소유가 대폭 늘어나게 되었다. 이렇게 얽히고설킨 문제의 핵심은 결국 아이들의 교육 문제였다.

요즘은 많은 사람들이 전원생활이나 낭만이 있는 시골생활을 꿈꾼다. 내가 사는 진안군 부귀면만 해도 귀농·귀촌하는 분들이 제법 많다. 이 지역이 고향이거나 특별한 연고가 있다거나 하는 것이 아님에도 무엇엔가 이끌리듯 오신 분들이다. 도시에서 제법 좋은 직장에 다니다 어느 날 갑자기 그만두고 온 분도 있고, 미리 시골생활을 준비해서 귀농을 한 분도 있다. 특히 장승초등학교 둘레로 이사를 온 분들은 대부분 나와 마찬가지로 학교 때문에 오신 분들이다.

어쨌든 시골생활은 생각보다 만만하지 않다. 농사일도 그렇고, 시골에서의 삶 그리고 무엇보다 사람들과의 관계가 참 어렵다. 마을과 제법 멀리 떨어진 곳에다 집을 짓고, 마을사람들과 아예 관계를 끊고 지내려 한다면 별문제가 없겠지만 마을 일도 함께 나누고, 얼굴을 맞대고 살려면 참 녹록하지 않다.

농촌은 도시와는 달리 사생활이 없는 편이다. 이웃집에 숟가락이 몇 개 있는지 알 정도로 서로를 잘 알기도 하고, 몇 시에 집에서 나가고 몇 시쯤 들어오는지도 안다. 어떤 때는 "열심히 해도 좋은 소리 못 들어." 하는 말도 들린다. 그리고 낯선 사람들이 마을에 오면 행동 하나 하나를 주시하기도 한다. 또 말 한 마디 잘못하면 금세 소문이 나기도 하고 곤란을 겪기도 하는 곳이 바로 시골이다. 바닥에 그런 문화가 있기에 귀농을 하거나 귀촌을 한

학교가 돌아왔다

분이 마을에 이사를 오면 색안경을 끼고 바라보는 경우도 있다. 또 잘못하다가는 애매한 오해를 받거나 마을에 어울려 살지 못할 수도 있다. 시골에서는 이웃과의 관계가 원만하지 못하면 사는 것이 참 힘들다. 이웃과의 관계를 제대로 하지 못해 떠난 분들도 제법 있다.

시골에는 더구나 젊은 사람은 거의 없고, 대부분 어르신들이다. 따라서 어르신들과의 관계가 특히 중요하다. 도시에서야 이웃의 개념이 거의 사라져서 나만 잘살면 되지만, 일거수일투족이 노출되고, 서로의 관계를 아주 중요시하는 시골에서는 행동거지 하나 말 한 마디도 조심스럽게 해야만 한다.

출출하다 싶었는데 손전화가 울린다. 받자마자 "막걸리 받아놨는디 여기로 올티여?" 한다. 옆집 아저씨 전화다. 이곳 우정마을로 이사 올 때 땅을 알아봐주는 등 여러 가지를 살펴준 분이다. 아무리 바빠도 거절할 수 없는 전화다. 시골인심이 많이 변했다고 하지만, 시골 사람들이 어떤 마음으로 사는지 헤아리고 나면 그런 마음이 오히려 사치일 수도 있다는 생각이 든다. 도시 사람들에 비하면 그나마 시골에서는 여전히 적은 먹을거리도 나누고 서로 살피는 이웃의 정이 남아 있으니까 말이다.

반대로 그분들이 왜 그렇게 도시에서 귀농·귀촌한 사람들을 신뢰하지 않고, 마음을 닫게 되었는지 돌아볼 일이다. 먹고 살기 힘든 세상, 시골 어르신들이 예전처럼 농사를 지어서 자립하기란 쉽지가 않다. 그럼에도 어려움을 버티며 꿋꿋하게 터를 지키고 계시는 어르신들은 어찌 되었든 마을의 수호신과 같은 분들이다.

낯선 곳에 정착해 새로운 삶을 사는 일은 인생에 한 번 있을까 말까 한 힘든 선택이다. 여러 가지 어려움도 많다. 그럼에도 불구하고 많은 젊은 부모들이 아이들 교육을 위해 시골학교를 선택하고 있다. 그 어떤 어려움이 있더라도 자식만큼은 잘 키우고 싶은 게 부모 마음이다. 무엇보다 아이를 키우는 관점이 도시 지향적인 삶에서 조금씩 바뀌고 있다는 것이 주목할 만하다.

부모의 삶에서 아이들은 큰 중심을 차지한다. 다니던 직장도 그만두고, 생활터전도 과감히 정리하고 시골로 내려올 수 있도록 용기를 준 것은 오로지 아이들이다. 아이들 수가 너무 적어서 관계성을 맺기가 어려울지 모른다는 걱정 대신 시골에서 키우는 것이 아이의 미래를 위해 더 낫다는 장점이 부모들 마음을 이끌고 있다.

더군다나 관계성은 숫자의 문제가 아님을 그들은 이미 알고 있다. 숫자가 많은 도시 학교에서 오히려 따돌림 문제가 더 도드라지기도 한다. 대식구들 속에서, 마을 사람들 속에서, 학교 동무와 선후배들 속에서 자연스럽게 익히고 배우던 관계성은 퇴색된 지 오래다. 그래서 더욱 따스하고 포근한 관계성을 더 갈망하는지 모르겠다. 노력 여하에 따라 이웃과 함께 나누고 베푸는 정다운 문화를 충분히 되찾을 수 있으리라. 아이들 교육도 별반 다르지 않다.

우리의 탐험 / 조운주(장승초 3학년)
나, 효원 언니, 세인이는 일종의 탐험대다. 폭포를 타고 올라가서 육지로 간

다음 또 폭포를 타고 내려가 도착지에서 마음 내키는 대로 놀다가 '아지트'에 들어가 놀이를 한다. 자전거로 오르막을 올라가 평지를 달리다 내리막을 내려가 마을회관이 있는 데에서 잠깐 놀다 '아지트'에서 논다. 우리 '아지트'는 오늘 발견했기 때문에 아직 정돈이 되지 않았다. 차차 개발해 나갈 것이다. (2014. 10. 7)

아지트 / 조운주(장승초 3학년)

아지트 만들기는 정말 재밌다. 오늘도 할 것이다. 정말! 난 행운아다. 이런 좋은 마을에 살다니! 이런 좋은 사람들을 만나다니! 일기 제대로 안 써도 봐주는 선생님을 만나다니!(2014. 10. 14)

시골로 내려와 마을 속에 살면서 자연스럽게 아이들은 또래 아이들과 어울려 마을 둘레 탐험도 하고, 아지트도 만들면서 예전 시골 아이들처럼 지내고 있다. 학교가 살아나기 때문에 가능한 일이다. 더불어 마을도 살아나고 있다. 아이들 소리가 들리지 않던 작은 마을에 아이들 소리가 들리고 있다. 귀농·귀촌한 젊은 부부들이 마을 속에서 어르신들과 관계를 이루어가고 있다. 학교의 문턱도 낮아지고 교사와 학부모, 지역사회도 서로 소통하려고 노력한다. 그 속에서 희망을 찾는다. 관계성을 회복하고 있다.

학교, 그렇다. 바로 학교다. 학교가 살아나면 아이들의 관계성도, 젊은 부모들의 관계성도, 지역사회의 관계성도 회복할 수 있다. 학교가 살아나면 마땅히 마을도 살아난다. 어르신들이야 조용한 동네에 낯선 젊은 사람들이 와서 이래라 저래라 하는 것이 처음에 달갑지 않을 수 있다. 하지만 결국 마을의 건강성을 유지하려면 젊은 사람들이 살아야 한다. 그 속에서 어르신들과 관계성을 나누어야 한다. 관계라는 것이 짧은 시간에 이루어지는 것이 아니므로 노력도 필요하다.

학교가 돌아왔다

● ● 킹콩샘? 그냥 킹콩이라 불러도 괜찮아

짜증나는 우리 선생님 / ○○○(○○초 5학년)
짜증나는 우리 선생님
모든 게 지 맘이다.
체육시간에 시험 보고
장난쳐도 화내고
다 지 마음대로 한다.
그래서 우리 선생님은 짜증난다.
나이만 똑같다면
선생님 앞에서 욕하고 싶다.
(2003. 12)

'나는 아이들에게 어떤 교사일까?'
'아이들은 나를 좋아할까?'
'교사로서 잘살고 있나?'

아무리 학교가 편하게 해줘도, 학부모에게는 학교의 문턱이 높을 수밖에 없다. 마찬가지로 아무리 아이들과 잘 지낸다 해도 교사가 아이들보다 강자인 건 속일 수 없다.

풋내기 교사 시절, 선배들로부터 학년 초에 아이들을 잡지 않으면 한 해 내내 힘들다는 이야기를 종종 듣곤 했다.

강자의 속성을 자랑하기라도 하듯 학년 초에 아이들을 잡기 위해 작은 잘못도 따끔하게 혼을 내고는 했다. 그러면서도 마치 아이들에게 뭔가 베푸는 것처럼 나름으로는 잘해준다고 생각했는데, 그건 내 착각이었다. 나는 아이들에게 자기 마음대로 하는 교사였다.

아이들 의견은 무시하고, 아이들이 좋아하는 체육시간도 사정없이 무시하는, 철없는 풋내기였다.

어설픈 글쓰기로 삶을 조금씩 알아갈 무렵, 아이들에게 비치는 내 모습은 어떨지 궁금했다. 그래서 글쓰기 시간에 아이들과 솔직한 글쓰기를 하기로 했다.

"얘들아, 어떤 글을 써도 좋으니 솔직히 쓰면 좋겠어."

"정말요? 정말 솔직하게 써도 돼요? 혼나는 거 아니죠?"

"그럼, 혼나는 거 아니니까 너희들이 쓰고 싶은 거 솔직하게, 자신 있게 써봐."

아이들이 꾸밈없이 교사의 모습을 있는 그대로 이야기할 수 있다는 건 어쩌면 이상일 수도 있다. 교실에서만큼은 절대 권력인 교사 앞에서 그 누가 솔직해질 수 있겠나. 그만큼 내 잘못을 아이들이 꾸짖을 수 있다는 건 아

학교가 돌아왔다

이들과의 관계성이 좋다는 것을 증명하는 것이기도 하다. 어느 정도 평등한 관계를 이루었다고나 할까? 물론 아이들에게 참 잘하고, 잘 지내는 교사들이 대부분이겠지만, 아이들이 교사를 좋다고 말하는 건 전부 참은 아닐 가능성이 크다. 아이들이 교사를 칭찬하는 것은 일종의 생존방식 가운데 하나가 아닐까?

아이들은 교실에서 벌어지는 내 행태에 대해 적나라하게 썼다. 솔직하게 써야 한다고 이야기는 했지만, 정말 시를 이렇게 쓰니 마음이 아주 불편했다. 여러 가지 생각이 교차했다. '솔직히 쓰라고 해서 썼는데 혼을 내면, 다음에는 이런 시를 쓰지 않겠지?' 하는 마음이 들다가도 머리가 복잡해지고, 짜증스럽기도 했다.

하지만 나를 돌아보니 마음이 차분해지기 시작했다. 정말 이 시가 나에게 큰 공부다 싶었다. 내 마음대로 한 게 무엇이 있는지, 체육시간에 시험을 본 적이 있는지, 아이들이 장난쳤다고 화를 낸 적이 있는지 돌아보았다. 전부 맞는 말이었다. 나는 교실에서 제왕처럼 군림하며 살고 있었던 것이다. 체육공부가 아이들에게 정말 중요한 공부임에도 빼먹기 일쑤였다. 국어나 수학 진도가 늦으면 체육은 늘 뒤로 미루어졌다.

머릿속 정리를 하고 아이들에게 사과해야겠다 싶었다. 앞으로는 체육 수업 빼먹지 않겠다고, 화도 내지 않도록 노력하겠다고 했다. 나를 돌아볼 수 있게 해준 ○○이에게 오히려 고마운 마음이 들었다.

2009년 3월, 작은 학교에만 근무하다 읍내 큰 학교로 옮겼다. 10명도 안 되는 아이들의 담임을 맡다가 6학년 29명 아이들의 담임이 되니 한 달 사이에 무려 몸무게가 6킬로그램이 빠졌다. 내 삶도 달라지기 시작했다. 아이들이 많으니까 '29명 아이들과 잘 지내려면 어떻게 해야 할까?' 고민을 하지 않을 수 없었다. 그러면서 든 생각이, 물론 형식일 수도 있겠지만, '교사로서의 권위를 버리면 어떨까?' 하는 것이었다.

그때 마침 가까운 후배가 있는 어느 학교 이야기를 들어보니 아이들이 교사를 '선생님'이라 부르지 않고, 별칭을 부른다는 것이었다. 단순히 호칭을 바꾼다고 무엇이 달라지느냐고 반문할 수도 있겠지만, 나름 의미 있는 일이라 여겨졌다.

나도 변하고 싶었다. 그러자 문득 어렸을 때부터 덩치가 커서 붙은 별명인 '킹콩'이 떠올랐다. 아이들이 나를 '킹콩'이라고 부르면 좀 더 가깝게 다가갈 수 있겠다는 생각이 들었다. 그래서 어느 날부터 아이들에게 나를 킹콩이라고 불러도 좋다고 이야기하고 다녔다. 느닷없는 내 제안에 아이들도 어리둥절했겠지만 나에게는 의미 있는 출발이었다.

처음에는 어색해하던 아이들이 하나둘씩 '킹콩' 하고 나를 부르기 시작했다. 특히, 저학년 아이들이 많이 불렀다. 어느새 나는 학교에서 '킹콩'으로 통하기 시작했다. 학교에서 교사는 결코 아이들과 평등해질 수는 없겠지만 최대한 평등한 관계를 만들고 싶었다.

전통적인 군사부일체의 유교적인 관점으로 보면 교사와 아이가 평등하게 지낸다는 것은 말도 안 되는 소리일 수 있다. 하지만 아이와 교사가 최대한 평등한 관계를 맺을 때 진정한 아이들의 깨침과 배움이 일어난다는 여러 연구 결과들도 있다.

'평등'하다는 것은 여러 가지 의미를 내포하고 있다. 교실에서 '평등'이 이루어지려면 무엇보다 교사를 두려운 존재로 생각하지 않고 편하게 생각해야 한다. 그것은 교사가 지닌 절대 권력을 내려놓았다는 것이기도 하다. 편하게 생각하면 자신의 마음을 열 수 있고, 좀 더 가까이 다가갈 수 있다. 교실이라는 공간이 어려운 공간이 아니라 늘 가고 싶고 편한 공간이 되어야 한다. 늘 대하기 편한 선생님이 교실에서 기다리고 있다면 아이들이 학교에 가는 발걸음이 가볍고 즐겁지 않을까?

아이들에 대한 의심을 떨쳐버리고, 교사의 권위의식을 내려놓고 평등해지면, 교사 역시 더 큰 성장을 나눌 수 있게 된다.

아이들이 스스로 할 수 있는 힘을 키울 때 그것은 '깨침'으로 발전한다. 자유로운 분위기가 형성되면 아이들이 스스로 할 수 있는 힘도 자연스럽게 생기고, 공부뿐만 아니라 생각의 힘과 자신이 하고 싶은 것을 찾아서 할 수 있는 힘도 생긴다고 믿는다.

아이들과의 만남의 핵심은 함께 성장하는 것이다. 교사가 단순히 아이들을 가르치는 존재가 아니라 아이들과 함께 성장하고 배우며 깨치는 존재라는 생각을 할 때 비로소 아이들과의 관계성이 회복될 수 있다. 아이들을 수동적으로 바라보면 아이들의 진정한 깨침은 일어날 수 없다. 아이들이 스스로 무엇인가를 알아갈 수 있도록 돕고, 그 속에서 아이들과 소통하며 있는 그대로 바라봐야 한다. 교사에게 거리낌없이 있는 그대로 자신의 이야기를 하고, 자신의 마음을 드러내며 함께 나눌 수 있을 때 진정한 깨침이 있지 않을까?

킹콩, 제 머리 어때요? / 배소영(장승초 3학년)
킹콩, 제 머리 어때요?
킹콩, 제 머리 예뻐요?
킹콩, 아니면 귀여워요?
킹콩, 아니면 귀엽지도 않고
안 예뻐요?
킹콩, 말해줘요.
(2014. 6. 23)

아이들은 어느 순간부터 자연스럽게 "킹콩~" 하고 부르는데 오히려 어른들이 "어디 버르장머리 없게 선생님을 그렇게 불러? 선생님이라고 불러!" 하고 아이들을 나무란다. 편하고 가깝게 다가왔던 아이들이 금세 나를 다시 교사로 바라본다. 한참을 헷갈리다가 아이들이 택한 것이 '킹콩 샘'이다. 그냥 킹콩이라고 불러도 된다고 해도 어른들한테 혼날까 봐 '샘'을 꼭 붙인다.

아버지가 권위의식을 부린다고 해서 권위가 세워지는 것은 아니다. 교사도 그렇다. 교실에서 권위의식을 부린다고 해서 아이들이 교사의 권위를 존중하는 것은 아니다. 진정으로 교사를 존중하는 것이 아니라 두려움으로

학교가 돌아왔다

인해 숨을 죽이는 것에 불과하다. 아이들에게서 진정한 권위를 찾으려면 나를 내려놓고 아이들에게 다가가야 한다.

"애들아, 그냥 킹콩이라고 불러도 좋아. 알았지?"

'공부'에 대한 두려움을 떨치다
'시골살이'에 대한 두려움을 떨치다
'진로'에 대한 두려움을 떨치다
교사들도 떨치지 못하는 두려움
사교육, 왜 떨치지 못할까?

6부

두려움을 떨치다

● ● '공부'에 대한 두려움을 떨치다

시험 / 류진(진안중앙초 6학년)
학교에서 시험을 쳤다.
시험문제는 모르는 것투성이다.
머릿속에는 문제들이
막 뒤엉키는 것 같다.
국가에서 다 보는 거라 떨린다.
다음에 중간고사도 봐야 되는데
공부를 안 해서 걱정이다.
머리가 아파서
연필을 꼭 잡았다.
연필이 울고 있는 것 같다.
(2009. 10. 15)

이젠 과거의 유물이 되었지만 이명박 정부 시절, 전국의 아이들이 동시에 일제고사를 치렀다. 나는 전교생이 20명도 채 되지 않는 작은 학교에 근무하다가 읍내 큰 학교로 와서 6학년 29명 아이들의 담임을 맡고 있었다. 일제고사가 있다고 해서 특별히 시험 준비를 시키지는 않았다. 6학년 담임을

학교가 돌아왔다

자주 맡았던 터라 평소와 크게 다르지 않게 지냈다. 물론 우리 반 아이들이 모두 시험을 잘 보리라고 기대한 것도 아니었다. 또한 일제고사로 우리 아이들을 평가하고 싶은 마음도 추호도 없었다.

그래서 한 해 동안 들로, 산으로, 냇가로 나가 학급 야영도 하고, 지리산 등반도 하면서 신나게 지냈다. 공부도 신나게 하려고 노력했다. 아쉬운 것은 선생님들이 참 좋은 분들이었음에도 불구하고 어느 것 하나 교사들 스스로 결정할 수 없는 기형적인 구조의 학교였다.

결국 우리 반 성적 때문에 우리 학교는 학력향상 중점학교로 뽑혔다. 학력향상 중점학교란 한 학교에서 일정 수준의 성적이 되지 않는 아이가 5퍼센트를 넘는 학교를 말한다. 한 학년이 한 반이었기 때문에 모든 책임은 나에게 주어졌다. 졸지에 나는 6학년 아이들 공부를 잘 가르치지 못한 교사가 되고 말았다. 좀 억울하기도 하고, 답답하기도 했다. 어찌 됐든 그 책임으로 나는 겨울방학에 멀리 청주까지 가서 그와 관련된 연수를 사흘 동안 받기도 했다.

더 문제가 된 것은 그 다음해에 부진아를 구제한다는 명목으로 수천만 원의 엄청난 돈이 교육부에서 학교로 내려온 것이다. 참 당황스러웠다. 6학년 담임을 하면서 최대한 학부모와 소통하려고 집집마다 가정방문을 다니고, 주마다 학급 이야기를 나누면서 노력했는데, 나에게 모든 책임이 돌아온 느낌이었다. 동료 교사들은 그 돈을 어떻게 쓸지 정하기 위해 여러 차례 회의를 하고, 정규 수업 이후의 보충학습을 하느라 애를 먹었다. 아이러니

한 것은 성적이 좋지 못했던 졸업생들을 구제하는 것이 아니라 그때의 성적과는 아무 상관없는 아이들과 선생들이 그 돈을 쓰느라 엄청난 고생을 해야 했다는 것이다.

시험이 끝나고 진이가 쓴 시를 보며 한참을 멍하니 앉아 있었다. '시험이 아이들을 옥죄고 있구나.' 하는 생각이 들면서 우리 반 아이들에게 미안한 마음이 참 컸다. 어떻게 하면 조금이라도 공부와 시험에 대한 스트레스, 두려움, 불안으로부터 아이들을 자유롭게 할 수 있을까 고민도 되었다. 이런 시험이 결국 아이들을 두려움에 떨게 하고, 그렇게 시험 못 본 아이를 둔 부모들에게 불안한 마음이 생기게 하며, 교사들에게도 교사로서의 보람과 자존감을 떨어뜨리게 하는 것이다.

이런 두려움과 불안은 자녀를 기다려주고, 믿어주는 마음을 순식간에 사그라지게 한다. 평소에는 자녀에게 너그럽던 부모들도 성적이 안 좋게 나오면 기다렸다는 듯이 "잘~~ 한다." "너 커서 어떻게 하려고 그래?" 따위의 말로 불안한 마음을 나타낸다.

학교 수업을 마친 초등학교 6학년 여학생입니다. 학교 수업이 끝나기 무섭게 오늘의 첫 번째 수학 학원으로 향합니다. 이 학원을 마치면 심화반 수학 학원에 또 가야 합니다. 숙제가 많아서 새벽 2시 30분이 돼야 잠자리에 듭니다. 다른 학생들도 입시생 못지않은 바쁜 스케줄을 소화합니다. 과목별로 학원을 다니고, 악기와 제2외국어 과외도 받습니다. 아이들은 이런 상황을 어떻게 생각하고 있을까. 어린이 단체 회원인 초등학교 5~6학년생 5명이 직접 또래들의 생활을 조사해봤습니다. 학생들은 하루 평균 6시간 43분을 자는 것으로 조사됐습니다. 권장 수면 시간보다 2~3시간 적습니다.
지하철에서 문제를 풀어도 시간이 모자라 하루에 3시간만 잔다는 학생도 있었습니다. 카페인 음료를 마셔가며 공부한다는 대답도 나왔습니다. (2014. 12. 9. ○○뉴스)

왜 이런 일들이 벌어지고 있을까? 도대체 공부가 무엇이기에 아이들을 저 지경으로 내몰고 있을까? 모두들 이런 뉴스를 보고는 남의 이야기처럼 혀를 끌끌 차다가도 막상 자신이 그런 상황이 되면 '옆집 아이도 학원 다니고, 누구는 어떤 데 다닌다던데, 우리 아이도 안 하면 안 되지.' 하고 금세 달라지고 만다.

전 국민의 고민을 상담해준다는 텔레비전 프로그램에서는 초등학교 4학년 여자아이가 일주일 동안 12개의 학원을 다닌다는 이야기도 나왔다고 한다. 정말 비정상이 심하다 싶을 정도다. 말로는 공부가 인생의 전부가 아니라고 해놓고 결국 현실은 어쩔 수 없다는 핑계로 아이들에게 공부를 강요한다. 21세기 글로벌 시대에 맞춰 아이들의 창의성을 키워야 한다느니, 아무도 예측할 수 없을 만큼 빠르게 변하는 미래 사회를 준비해야 한다느니 하면서 여전히 수많은 학교에서 5지선다형의 시험이 행해지고 있으니, 이걸 어떻게 설명할 수 있을까?

공부에 대한 두려움 가운데 특히 '영어'에 대한 두려움은 더욱 큰 부분을 차지한다. 뜬금없는 이야기인 것 같지만 영어를 못하면 진학도 힘들어지고, 취직도 못한다고 하니 아이들 영어 사교육을 위해 도시에 살 수밖에 없다는 분들도 둘레에 제법 있다. 이런 생각의 바탕에는 '시골에 살면 당연히 공부는 못한다'는 생각이 깔려 있다. 사교육을 따로 시키지 않고, 집에서만 공부해도 영어 실력을 충분히 키울 수 있다는 책들이 시중에 많이 소개되어 있는데도, 그건 특별한 경우에만 해당한다고 생각한다. 부모가 영어를 하지 못해도, 아이들에 대한 관심만 있으면 충분히 할 수 있다는데도 사교육에서 해답을 찾으려 한다.

마음으로는 시골생활을 동경하고, 시골에서 살아볼까 고민하다가도 아이들 교육을 생각하면 차마 용기가 나지 않는다는 분들도 있다. 시골에 살면 문화 혜택도 적고, 사교육도 받지 못하니 아이들 진학에 대한 불안감이 커진다는 것이다.

그렇게 아이들 공부를 시키고 싶다면 우선 생각부터 좀 바꿨으면 좋겠다. 공부는 단거리 경주처럼 처음부터 죽자 살자 달리는 경기가 아니다. 아주 먼 거리를 오랫동안 달려야 하는 마라톤 경주나 다름이 없다. 처음부터 마구 달리다가는 중도에 지쳐 쓰러지고 만다. 충분한 체력을 길러 몸과 마음이 건강한 상태라야 출발이 좀 늦더라도 끝까지 갈 수 있다.

어찌 될지 모르는 먼 미래를 위해 오늘의 행복을 유보한 채 아이도 부모도 불안에 떠는 일을 과감히 던져버리고 지금 현재 나와 우리 식구, 우리 아이들이 과연 행복한지 돌아봤으면 좋겠다. 공부는 결국 아이가 하는 것이다. 부모의 욕심으로 되는 것이 결코 아니다. 오히려 그럴 시간에 아이가 하고 싶은 것을 찾아서 할 수 있도록 도와주자. 학원비를 모아서 아이가 가

학교가 돌아왔다

고 싶은 곳으로 온 가족이 함께 여행을 떠나보자. 아이에게 일방적인 부모의 바람만을 이야기할 것이 아니라 아이가 어떤 생각을 하고 있는지 아이의 생각을 들어주자.

생각을 조금 바꿔보자. 지금 행복한 아이가 어른이 되어서도 행복할 수 있다고. 행복의 씨앗은 점점 자라 아이의 자존감을 높일 것이고, 그것은 아이가 어른이 되었을 때 스스로를 지탱해주는 힘이 될 것이다. 아이와 함께, 아이의 눈을 보면서 바로 지금 아이가 즐거워하고 좋아하는 대화를 나눠보자. 작은 행복 씨앗을 마음속에 뿌려보자.

● ● '시골살이'에 대한 두려움을 떨치다

꿀꽃 / 강산들(장승초 5학년)
길모퉁이 꿀꽃
엄마랑
산을 넘어 집에 갈 때
쉬면서 먹었던 다디단 꿀꽃
그 작은 이파리에
조그맣게 달려 있는 꿀꽃
이제는
학교에서 어울려 먹는
꿀꽃
그 다디단 꿀꽃
(2011. 6. 7)

　'시골살이'. 결코 만만하지 않다. 아이들 교육 때문에 또는 그냥 시골이 좋아서 과감하게 귀농이나 귀촌을 하신 분들은 정착하는 과정에서 여러 가지 문제로 많이 힘들었다는 이야기를 한다. 시골 인심이 예전과 다르다는 이야기를 하는 분도 더러 있다. 더군다나 낭만적인 시골살이를 기대했던 분이

학교가 돌아왔다

라면, 기대가 컸던 만큼 실망도 더 크기 마련이다. 치밀하게 귀농, 귀촌 계획을 세워서 온 분이 아니라면 당장 먹고 사는 것도 문제가 된다. 더욱이 시골살이가 혼자 독불장군처럼 할 수 있는 것이 아니니, 사람들과 '관계'를 맺는 일도 쉽지 않다.

도시에서 오랫동안 살아온 분들은 시골에 대한 은근한 '두려움'을 가지고 있다. 시골의 고요함이 낭만으로 다가오는 것이 아니라 마치 섬에 외떨어져 사는 것처럼 느껴질 것이다. 둘레에 또래의 젊은 사람이 있다면 그나마 낫겠지만 어르신들만 계신 마을이라면 적응하는 데 더욱 오랜 시간이 걸린다.

그런데도 나는 '시골살이'를 포기할 수 없었다. 무엇보다 가장 큰 까닭은 다시 돌아올 수 없는 어린 시절을, 행복한 어린 시절을 우리 아이들에게 선물하고 싶었다. 치열한 경쟁의 소용돌이에서 벗어나 자유로움을 주고 싶었다. 마치 '기회비용'처럼 내가 선택한 '시골살이'는 어쩌면 내 삶에서 다른 어떤 것을 포기하게 했을지도 모른다. 하지만 내가 포기한 것이 무엇이건 간에 지금의 생활과 바꾸고 싶은 마음은 조금도 없다.

장승학교 둘레에 이사를 온 학부모 가운데도 그런 이야기를 하는 분들이 참 많다. 처음에 이사를 결정하고, 실제로 와서 사는 동안 어려운 일도 있었지만 아이들이 행복해하고, 그 속에서 자연스럽게 어울리며 살아가다 보니 아주 만족해한다.

산들이가 쓴 시를 읽다 보면 '산들이는 시골에서 자라 참 아름다운 추억이 있겠구나.' 하는 생각이 든다. 시골이 줄 수 있는 선물이랄까? 엄마와 걷던 그 길, 그 길을 걸으며 꿀꽃을 따먹었던 기억은 무엇과도 바꿀 수 없는 소중한 추억이 될 것이다.

　자연 속에서 자라는 시골 아이들은 감수성이 풍부해서 작은 것도 허투루 보지 않고 살피는 눈썰미가 제법 있다. 도시에서 여러 학원을 다니며 쫓기듯 사는 아이들과는 견줄 수 없는 귀한 가치를 지니는 것이다.

　시골을 동경하는 것은 이런 자유로움 속에서 아이들의 몸과 마음이 건강하게 자랄 것을 믿기 때문이기도 하다. 더불어 부모의 삶도 자녀와 함께 행

학교가 돌아왔다

복해질 수 있다면 얼마나 좋을까? 세상을 사는 가치와 행복을 어디에 두고 사느냐에 따라 삶의 방향도 많이 달라진다. 나 역시 도시의 삶을 선택했다 면 지금과는 다른 삶을 살고 있을 것이다.

역설적이게도 도시에서 시골학교를 찾아오는 분들이 있는 반면, 그보다 훨씬 많은 시골의 학부모들은 지금도 교육을 위해 아이를 도시로 보내고 싶 어 한다. 특히 도시에 비해 아주 부족한 사교육 환경은 이러지도 저러지도 못하는 부모들의 불안한 마음을 더욱 부추긴다. 결국 어떤 부모는 불안한 마음을 조금이라도 달래기 위해 아이의 초등학교 졸업을 앞두고 도시로 전 학을 시키거나, 사교육을 받을 수 있는 곳으로 터전을 옮기고 만다.

그나마 형편이 되는 집은 이사라도 할 수 있지만 전학을 보내고 싶어도 경제적인 형편이 되지 못해 이사를 가지 못하는 집은 이러지도 저러지도 못 하니 더욱 불안감이 커진다. 시골에 사는 부모로서 '나는 비록 고생을 하지 만 너희들만큼은 고생시키지 않겠다'는 부모의 자식 사랑이기도 하다. 지금 좀 더 고생하면 미래에 행복할 수 있다는 믿음이랄까?

이런 생각을 하는 대부분의 부모들은 현재 자신의 사회적 지위나 환경에 만족하지 못하는 편이다. 그래서 아이에게 '너는 나처럼 살면 안 돼.' '너는 공부해서 편하게 살아야 돼.' 하면서 대리만족을 느끼고 싶어 한다. 대부분 이런 가정의 아이들은 도시로 이사를 가거나 도시에 살아도 공부에 싫증을 느끼거나 자신의 삶에 주체로서 살지 못하고 수동적으로 살아가게 된다.

그 아이들은 부모의 지시와 강요 또는 부모의 대리만족 욕구에 따라 '나'

로서 살아가지 못하는 소외 현상을 겪을 수밖에 없다. 내 모습의 본질을 잃어버리고, 비인간적인 상태에 놓이게 되는 것이다. 또한 부모의 두려움과 불안을 아이들에게 투영하는 비교육적인 일들도 벌어진다. 어찌 될지도 모르는 미래의 행복을 위해 지금의 행복을 희생하는 꼴이다.

'시골살이'의 가장 좋은 점은 나와 내 아내 그리고 우리 아이들의 삶이 많이 달라졌다는 것이다. 우선, 시골학교를 다니는 것만으로도 아이들의 삶은 많이 바뀌었다. 학원을 몇 개 더 보내야 하나 말아야 하나 고민을 하지 않아도 되고, 가만히 놔두어도 때가 되면 스스로 무언가를 찾아서 할 수 있는 힘도 점점 생기고 있기 때문이다. 아이들이 정말 놀 만큼 놀아서 더 이상 노는 것이 지겨울 때(결코 그럴 리는 없겠지만), 더 이상 할 것이 없을 때 좋은 책을 슬며시 놔주면 책과 자연스럽게 친해지는 것처럼 아이들은 자기 삶의 주체가 되어 무언가를 스스로 찾아서 하려고 한다. 공부에만 한정된 것이 아니고, 아이가 하고자 하는 모든 일에 해당이 된다. 스스로 찾아서 무엇인가를 하다 보면 그것이 바로 그 아이 스스로의 힘이 되는 것이다.

행여 공부와 전혀 관련이 없다 해도 스스로 지금 살고 있는 삶에 행복감을 느끼고 앞으로도 그렇게 살 수 있다면 그것으로 족하다. 나중에 아이가 어떤 삶을 살든, 그 선택은 아이 스스로 한 것이므로 스스로 앞길을 잘 설계해 나갈 것이라 믿는다. 더군다나 집 둘레의 좋은 자연환경과 맑은 공기, 바람, 햇볕 속에서 마음껏 뛰놀 수 있는 자유까지 선물할 수 있으니 내 자녀들을 위해 그만한 투자가 어디 있겠는가?

학교가 돌아왔다

● ● '진로'에 대한 두려움을 떨치다

재밌는 줄만 알았는데 / 강예림(장승초 6학년)
밭일은 재밌는 줄만 알았는데
알고 보니 다리도 아프고
고랑도 비뚤어지면 안 되고
옥수수도
두세 개씩 심어야 되고
농사 정말 까다롭네.
(2011. 5. 19)

아이들은 몸으로 겪는 것을 좋아한다. 지금이야 아이들이 노는 것과 공부하는 것, 일하는 것을 모두 구분해서 생각하지만 본디 아이들에게는 일과 놀이와 공부가 하나인 것이 정상이다. 예림이도 처음 해본 농사일을 참 재밌게 하던 아이였다. 그렇게 농사일을 몸으로 겪고 느끼면서 힘든 것을 자연스럽게 알아가는 것이다.

아이들의 진로도 크게 다르지 않아야 한다. 부모 마음으로 '어떤 직업이 전망이 좋으니까 그 직업을 택했으면 좋겠다.' 하는 마음이 클 수도 있지만, 그것이 아이의 행복을 보장하지는 못한다. 또 부모가 조바심을 낸다고 해결되는 문제도 아니다. 아무리 좋은 직업에 종사한다고 해도 그게 곧 행복은 아니니까.

많은 부모들이 '우리 아이는 커서 무엇이 될까? 치열한 경쟁사회에서 잘 살아갈 수 있을까? 어떤 직업을 가지고 살아갈까?' 하면서 걱정을 한다. 사실 자녀에 대한 부모의 고민은 끝이 없다. 어린 시절부터 공부를 시키는 가장 큰 까닭도 결국 아이가 좋은 직업을 가지고 편안하게 살기를 바라는 마음을 담고 있다.

좋은 대학만 가면 마치 모든 것이 해결될 것처럼 생각을 하지만, 대학을 졸업할 때쯤 되면 다시 취직 걱정에 온 식구가 마음을 졸인다. 그러다 취직이 되면 이번에는 어떤 배우자를 만날까 걱정이 앞선다. 결혼을 하고 모든 것이 다 해결된 것처럼 느낄 때쯤 되면 또 다른 걱정거리가 나타난다. 이것이 삶이다. 어렸을 때부터 공부를 많이 시키든, 자유롭게 키우든 자녀에 대한 부모의 고민과 걱정은 끝이 없다.

이제 내 어린 시절의 두려움 이야기를 잠깐 해야겠다. 어떤 이에게는 아련한 추억일지 모를 아버지가, 어린 시절의 나에게는 참 어렵고도 두려운 분이었다. 돌아가신 지 10여 년이 흘렀지만 아직도 좋은 추억보다는 상처의 흔적이 더 크다. '나는 왜 이런 환경에서 태어났을까?' 하는 생각도 제법 했던 것 같다.

정읍 신태인에서 농사를 짓던 부모님은 내가 일곱 살 때, 두 해 연속 흉년을 겪고 전주로 이사를 했다. '흉년'도 물론 이사를 하게 된 까닭이기는 했지만, 한편으로는 자식만큼은 도시에서 키워야 한다는 마음도 컸다고 한다.

기술이 있는 것도 아니고, 농사밖에 모르던 분들이 도시에서 할 수 있는 일은 없었다. 두 분 모두 건설 현장에 나가서 일을 하셨는데, 날마다 새벽에 나가 어둑해질 때쯤 들어오시곤 했다. 건설현장 일은 날씨의 영향을 많이 받는다. 그래서 쉬는 날이 중간 중간에 생긴다. 더군다나 힘든 일을 하느라 술을 가까이 할 수밖에 없다.

아버지는 술을 참 좋아하셨다. 웬만해서는 취하지 않을 정도로 잘 드시는 편이었다. 술을 드시지 않을 때는 일을 잘 다니시다가도 한 번 술을 드시기 시작하면 열흘, 스무날이 넘도록 계속 드셨다. 그냥 술만 드시면 괜찮았을 텐데, 식구들이 잠을 잘 수 없을 정도로 괴롭게 했다. 이럴 때면 어머니와 나, 여동생 둘은 온통 긴장을 하고, 어떤 상황이 벌어질까 두려움에 떨고는 했다.

술을 드시고 어머니를 때릴 때면, 아버지가 죽도록 밉기도 했다. 함께 살아가는 아내를 어떻게 저렇게 대할 수 있을까? 저렇게 살 수밖에 없나? 도대체 이해가 가지 않았다. 그럴 때면 여동생 둘과 나는 다른 방에서 울면서 두려움에 떨어야 했다. 그리고 아버지는 바로 또 술을 드시러 나갔다. 그러면 어머니는 당신도 힘드셨을 텐데 우리가 있는 방으로 와 울면서 "내가 너희들 아니면 벌써 집 나갔을 거여. 너희들 때문에 참고 이렇게 사는 거여." 하고 말씀하시곤 하셨다. 그렇게 어머니가 고생하셨던 것을 누구보다도 잘 알기에, 그 말씀은 지금도 내 귓가에 쟁쟁하다.

술을 드시지 않을 때 아버지는 참 엄한 분이었다. 식구들에게 별로 말씀이 없었고, 저녁식사를 하고는 일찍 주무시곤 했다. 그래서 아버지와 대화를 나눠본 기억이 별로 없다. 아버지하고 서로 이야기를 나누지 않다 보니 고등학교를 졸업할 때까지도 나는 집에 있는 것이 불편했다. 혹시 '아버지가 혼내시지나 않을까?' '어머니를 힘들게 하지는 않을까?' 늘 걱정을 안고 사는 편이었다. 그래서 비가 와서 아버지가 일을 가시지 않을 때나 아버지가 일을 끝내고 집에 들어오실 시간이 되면 늘 긴장이 되었다.

고등학교 시절, 공부를 해서 서울에 있는 대학을 가야겠다고 결심했던 이유도 불편한 집을 어서 빨리 벗어나고 싶은 마음이 컸기 때문이다. 그렇다고 아버지를 원망하는 것은 결코 아니다. 어쨌든 나를 세상에 있게 해준 분이고, 또한 사람마다 처지가 다르고 자라온 과정이 다를 수밖에 없기 때문이기도 하다.

부모님은 비록 초등학교밖에 나오지 않았지만 자식을 대학에 꼭 보내야 한다는 믿음은 참 컸다. 건설현장에서 일하는 어려운 형편임에도 아끼고 아껴서 삼남매를 대학까지 보냈다. 아버지 역시 그렇게 술을 좋아했지만, 학교 보내는 것만큼은 어머니와 한뜻이었다. 엄하고 무서웠지만, 고마웠던 것은

학교가 돌아왔다

늘 내 판단을 믿어주셨다는 것이다. 대학을 서울로 간다고 했을 때도, 전공을 선택할 때도, 군대를 갈 때도, 제대를 하고 교대를 선택했을 때도 내 뜻을 꺾지 않고 믿어주셨다. 짧고 굵게 "니 인생은 니가 사는 것잉게 니가 알아서 잘 결정혀." 하셨을 뿐이다.

돌이켜보면 내가 가정환경에 대한 불만, 아버지에 대한 두려움을 떨칠 수 있었던 가장 큰 힘은 무엇보다 사랑과 믿음이었다. 미래에 대한 두려움도 크게 다르지 않다고 생각한다. 자칫 어긋날 수도 있었을 사춘기 시절, 어머니가 나를 사랑으로 감싸지 않았다면? 부모님이 내 판단을 믿어주지 않았다면? 상상하기도 싫다.

지금은 조금 부족하고 힘들더라도 아이가 판단할 수 있도록 기회를 주어야 한다. 작은 일도 스스로 선택하고 책임지는 연습을 시켜야 한다. 정작 어른이 되어 선택을 해야 할 때, 책임을 져야 할 때, 어쩔 줄 몰라하는 그런 어른으로 자라게 해서는 안 된다. 내 아이를 믿자.

미국 뉴욕주에 있는 알바니 프리스쿨에서 30년 가까이 아이들을 만나고 있는 크리스 메르코글리아노는 자신의 책 《두려움과 배움은 함께 춤출 수 없다》(2002)에서 부모가 지닌 두려움이 아이들에게 어떤 영향을 끼치는지에 대해 이렇게 말했다.

부모가 지닌 두려움을 전하는 데는 말이 필요 없다. 한 번의 근심 어린 표정, 오늘 학교에서 무엇을 했냐 또는 안 했냐고 묻는 한 번의 무심한 질문, 또는 말하지 않고 마음에 품고 있는 어떤 생각조차 아이들에게 두려움을 효과적으로 심어놓을 수 있다. 이 사실을 부모들은 알아채지도 못하는 경우가 많다. 부모가 지닌 공포나 의심, 불안 그리고 더욱 미묘한 메시지들, 들을 수 있는 영역을 넘어선 그 진동들은 받아들이는 아이들에게 더 큰 영향을 끼칠 수 있다. (크리스 메르코글리아노, 2002: 128)

보이건 보이지 않건, 부모들의 불안이나 두려움은 부지불식간에 아이들에게로 향한다. 아이들은 부모의 마음을 고스란히 받고 산다.

우리 큰아이가 어렸을 때, 나는 마음으로 다짐한 것이 한 가지 있다. 아이가 커서 중학생이 되면 아이 혼자 며칠 동안 여행을 떠나도록 한다는 계획이었다. 아이 스스로 어디를 갈지, 어떻게 여행을 할지 계획을 세우고 실천해보는 경험을 주고 싶었다. 이런 생각을 하게 된 가장 큰 까닭은 아이 스스로의 힘을 키워주고 싶었고, 스스로 결정하고, 혼자 힘으로 세상을 살아갈 수 있는 경험을 주고 싶었기 때문이다.

아이가 살아갈 미래에 대한 두려움은 부모라면 누구나 가질 수밖에 없지만, 아이의 본성을 존중하고 믿어주는 것이 무엇보다 필요하다. 그 시작은 초등학교 시절의 자유로움이다. 자유로움의 출발은 노는 것이다.

학부모들에게는 "아이들은 노는 것이 밥이나 마찬가지에요." "아이들은 놀면서 철이 들잖아요." 하는 말들이 어쩌면 사치로 들릴지도 모른다. '놀아야 잘 큰다고? 지금 세상이 어떻게 돌아가는지 참 철모르는 소리 하고 있네.' 할는지도 모르겠다. 하지만 여러 부모들은 자신의 경험을 통해 어린 시절의 추억이 어른이 되어서도 삶을 형성하는 바탕이 된다는 걸 의심할 수 없을 것이다.

아이들이 마음껏 놀 수 있도록 기회를 주자. 아이들이 어떻게 자랄 것인지 두려움을 넘어서 아이들을 존중하고 믿어주자. 아이들은 부모가 믿는 만큼, 둘레 어른들이 믿는 만큼 그렇게 자랄 것이다.

● ● 교사들도 떨치지 못하는 두려움

몽실언니 목소리 / 신윤주(진안중앙초 6학년)
선생님께서는 매일 아침
책을 읽어주신다.
그런데 사자왕 형제 목소리가
몽실언니와 난남이 목소리 같다.
그래서 몽실언니가 계속 생각난다.
(2009. 3. 30)

　동화책의 깊이와 무게를 알고부터 동화에 빠지기 시작했고, 아침마다 아이들에게 책을 읽어준 지도 벌써 10년이 넘었다. 좋은 동화책은 꼭 사서 읽고, 우리 반 아이들에게 읽어주려고 한다. 아이들에게 책을 읽어주면, 책을 그리 좋아하지 않던 아이들도 관심을 가지고 읽어보려고 한다. 그러면서 자연스럽게 책을 가까이 하고, 즐겨 읽게 된다. 책을 억지로 읽히면 오히려 더 책을 싫어하게 되기 때문에 자연스럽게 아이들이 책을 읽을 수 있도록 도와야 한다. 그 중심에 책 읽어주기가 있다.

아이들이 책을 읽는 분위기를 만들기 위해 내가 읽은 책이나 읽어준 책으로 학급문고도 특별하게 꾸몄다. 그러면서 수업도 조금씩 달라지기 시작했다. 가장 많이 바뀐 것은 국어 교과서만이라도 자유로워질 수 있었다는 것이다.

예전에 비해 교과서를 통합하거나 재구성해서 가르치려는 노력이 많이 시도되고 있기는 하지만, 아직도 둘레의 많은 교사들이 교과서를 가르치지 않는 것에 대한 두려움을 떨치지 못하고 있는 듯하다. 여러 가지 까닭이 있겠지만 우선 국가에서 정한 교과서 말고 다른 것을 가르친다는 것이 부담이 되기도 하고, '평가'가 얽혀 있어서 더 자유롭지 못한 측면도 있다. 어떤 선생은 '교과서를 가르치지 않고, 대체 뭘 가르치지?' 하고 묻기도 한다.

쉽게 생각하면 가까운 데 해답이 있다. 본디 국어라는 과목이 말 그대로 말하기, 듣기, 쓰기, 읽기가 아닌가? 그렇다면 아이들에게 책을 읽어주고(듣기), 아이들 수준에 맞는 좋은 책을 권해서 읽도록 도와주며(읽기), 아이들과 여러 갈래의 글쓰기 공부를 하고(쓰기), 아이들의 생각과 느낌을 발표하게 하면(말하기) 그것이 곧 국어 공부가 아닌가 말이다. 너무나 당연할 수 있는 일인데, 공교육 교사라는 짐이 오히려 교사를 자유롭지 못하게 묶고 있는지도 모르겠다.

또 다른 두려움도 있다. 정말 예상과는 다르게 본인은 공교육에 근무하지만 자녀를 대안학교에 보내거나 홈스쿨링을 하는 경우가 많다. 너무 잘 알고 있어서일까? 아니면 아이를 특별하게 키우고 싶어서일까?

자기 자녀를 특별하게 키우거나 잘 키우고 싶은 마음은 모든 부모의 마음이다. 자녀가 지극히 평범하게 자라기를 바라는 것 또한 그 아이가 잘 자랄 것이라는 믿음을 담고 있는 부모의 마음이다.

대체로 이런 분들은 경쟁사회를 누구보다 잘 알고 있다. 혹은 그렇게 살아온 자신의 삶에 비추어 자녀가 조금이나마 자유롭게 자라기를 바라는 분들이다. 하지만 여전히 공교육의 현실은 치열한 경쟁교육이고 보니 이런 현실을 벗어나 협력적 나눔이나 배움, 상생의 공동체 생활 속에서 키우고 싶어 하는 마음이 큰 것이다. 따라서 이런 선택은 어쩔 수 없는 자기 위선의 모습을 띠게 된다. 공교육에 근무하는 교사가 자식을 대안학교에 보낼 수밖에 없을 정도로 공교육이 잘못되어 있다면, 공교육 교사로서 우리가 할 수 있는 것은 무엇이 있을까? 스스로 공교육 교사임을 포기하거나, 잘못된 학교 현장을 바꾸기 위해 열심히 노력을 하는 것이다.

물론 잘못된 사회구조를 세세히 따지기 시작하면 스스로 작아지게 되고, 내가 할 수 있는 일이 아무것도 없게 되는 무력한 상황에 빠지고 만다. 그나마 요즘 여러 지역에서 일어나고 있는 혁신학교 운동은 학교의 역할을 제자리에 돌려놓고 싶은 열정 있는 교사들의 노력이 아닐까 싶다.

대안학교나 홈스쿨링을 선택하는 부모들은 대부분 자녀의 선택을 매우 중요시한다. '어린아이가 무엇을 알겠어?' 하는 것이 아니라 아이들도 스스로 생각하고 충분히 판단할 수 있음을 믿는다. 아이들을 존중한다는 측면에서는 매우 귀한 선택이지만, 사실 이런 선택을 하기 위해서는 어느 정도 부모의 경제능력이 따라주어야 한다. 시쳇말로 경제능력이 없는 사람이 대안교육을 선택하기는 쉽지 않기 때문이다.

우선 달마다 들어가는 교육비가 만만치 않다. 그나마 교사들은 어느 정도 경제능력이 되기 때문에 이런 선택을 할 수 있지만 가정형편이 되지 않는 집에서는 거의 불가능한 선택이다. 또한 이런 선택에는 용기가 필요하다. 자녀가 잘 자랄 것이라는 믿음이 없이는 쉽지 않은 선택이기 때문이다. 그런데도 현실교육을 잘 알고 있는 공교육 교사가 현재의 교육제도를 벗어나 자녀를 키우겠다는 뜻을 세운 것은 곧 현재의 교육제도나 상황에 대한 기본적인 불신과 불안, 두려움이 공존하고 있음을 증명하는 것이기도 하다.

하지만 현실의 교육체계를 인정하고, 그 속에서 자녀교육의 활로를 찾는 평범한 교사들이 훨씬 더 많다. 이런 교사들은 크게 두 가지로 나눌 수 있다. 본래 거주하고 있던 집 옆의 학교에 보내는 경우와 좀 더 나은 학군으로 이사를 하는 경우다. 더 나은 학군으로 이사를 하는 교사 역시 자기 위선에서 자유롭지 못하기는 매한가지다.

우선 나와 가까운 이야기부터 해보자. 시골학교에 근무하는 교사가 학부모들에게 시골학교가 참 좋다고, 시골에서도 아이들을 충분히 잘 키울 수 있다고 이야기하면서 정작 자신의 아이들은 대도시에서 키우는 경우가 적지 않다. 이 때문에 '그렇게 좋으면 선생님 아이도 시골에서 키우시죠?' 하고 비꼬는 시선이 쏟아진다.

그렇다고 해서 시골학교에 근무하는 모든 교사들이 시골에 살아야 한다는 이야기는 결코 아니다. 다만 시골 학부모들을 설득하려면 내 삶의 방식부터 좀 더 솔직해져야 한다는 말이다. 있는 자와 없는 자의 이분법으로 나눠서는 안 될 일이지만, 농사지으며 소박하게 살아온 시골 사람들이 보기에 교육공무원인 선생은 누가 뭐래도 있는 사람들이기 때문이다.

아이가 초등학생 때까지는 시골에 사는 교사들도 제법 있다. 하지만 아이가 중학교 입학할 때가 되면 대부분 도시로 이사를 한다. 초등학교 때는 인성교육은 물론 학력도 어느 정도 시골에서 가능하지만 중학생이 되면 달라진다고 생각하기 때문이다. 물론 여러 가지 다른 까닭으로 옮기는 분도 있겠지만, 대부분 아이의 진학 문제를 가장 큰 이유로 꼽는다.

대안학교나 홈스쿨링을 선택하는 교사들과는 좀 다른 방향의 선택이기는 하지만, 경쟁사회를 누구보다 잘 알고 있고, 현실교육을 잘 알고 있는 점에서는 똑같다. 경쟁사회에서 살아남고 성공하려면 좋은 대학, 좋은 학과를 나와야 하고, 남다른 스펙을 쌓아야 한다는 사실은 삼척동자도 다 아는 이야기일 테니까.

나 역시 교사이기에 교사들이 가지는 두려움에 대해 이야기하는 것이 조심스럽다. 더욱이 이러한 내 생각에 동의하지 않는 분들도 있을 것이다. 모든 교사들이 시골에 살면서 시골에서 자녀교육을 시켜야 하느냐, 자유민주주의에서 내가 내 마음대로 한다는데 어째서 그러느냐, 자녀의 판단에 따라 대안학교나 홈스쿨링을 선택하는 것이 뭐가 잘못이냐, 자녀가 공부를 잘할 수 있도록 뒷받침하는 것은 당연한 일 아니냐고 충분히 따질 수 있다.

그럼에도 이런 얘기를 굳이 들추어내는 까닭은, 공교육의 붕괴니 어떠니하는 이야기가 언론에 오르내리고, 교사들을 좋지 않은 눈초리로 바라보는 사회의 시선이 여전하기 때문이다. 그래서 왜 그럴 수밖에 없는지 불편한 이야기를 한 번쯤 생각해보자는 것이다.

● ● 사교육, 왜 떨치지 못할까?

엄마 / 안나리(진안중앙초 6학년)
오늘은 학원 가기 싫다.
엄마한테 전화했다.
"엄마, 나 학원 안 가면 안 돼?"
"안 돼!"
"왜?"
"이놈의 가시나가 공부해서 남 주냐?
학원 꼭 가라!
학원 선생님한테 전화해본다. 알았어?"
이럴 땐 엄마가 너무 싫다.
(2009. 3. 15)

공교육 교사들이 자녀들을 대안학교에 많이 보내는 것처럼 학원을 잘 아
는 사람들일수록 자녀를 학원에 보내지 않는다는 건 공공연한 비밀이다. 사
교육, 정말 계륵이다. 보내자니 그렇고, 안 보내자니 또 그렇다. 요즘 어른들
이 자라던 시절에는 학원도 많지 않았고, 학원에 다닐 형편도 되지 않았다.
하지만 지금은 도시에 사는 아이들 대부분이 학원을 다니는 형편이니 내 아

이만 보내지 않는 것도 쉽지 않다. 시골 면 단위에는 학원이 아예 없으니까 형편이 좀 다르기는 하지만, 읍내는 도시만큼은 아니어도 대부분 아이들을 학원에 보낸다.

내 자식만 학원에 보내지 않는 것도 대단한 용기가 필요한 일이다. 앞에서 말한 것처럼 사교육의 바탕에는 사회 전반의 두려움이 자리하고 있다. 이런 두려움으로부터 자신을 합리화하기 위해 그리고 불안을 떨치기 위해 사교육을 시킨다. 효과가 있건 없건 불안해서 그냥 보내는 것이다. 못하면 못하는 대로 나아질 것을 기대하고, 잘하면 잘하는 대로 사교육 덕을 봤다고 생각하면서…….

사교육을 하는 사람들 처지에서 생각해보면 부모들에게 잘 가르친다는 믿음을 줘야 하고, 아이들이 열심히 하고 있다는 것을 보여주어서 부모들을 안심시켜야 한다. 그러려면 아이의 변화가 되도록 빠른 시간에 눈에 보이도록 해야 한다. 아이가 스스로 생각하고, 문제를 해결하는 과정이 아니라 당장 눈에 보이는 결과를 보여주어야 믿음을 줄 수 있기 때문이다.

문제는 그 효과가 오래 지속되지 못한다는 것이다. 스스로 해결하는 힘을 기르는 것이 아니라 문제를 해결하는 어떤 기술에만 의존하게 되기 때문이다. 아이가 스스로 문제를 해결할 수 있는 힘을 기르기 위해서는 옆에서 오랫동안 묵묵히 지켜봐줄 수 있는 사람이 필요하다. 그러려면 시간도 오래 걸리고 인내력도 필요하다.

아이들 스스로 해결할 수 있는 힘을 키우는 것이 옳다는 데에는 거의 모든 학부모들이 동의를 할 것이다. 하지만 그들 역시 당장 눈앞에 벌어지는 결과에 연연할 수밖에 없다. 그것이 곧 사교육의 딜레마다. 더욱 심각한 것은 일명 사교육 뺑뺑이다. 한 곳의 학원으로는 모자라니까 두 곳, 세 곳으로 늘어나면서 아이의 사생활은 거의 없어지고, 부모의 욕심과 학원 시간표만 남게 되는 것이다.

부모의 경제 부담도 만만하지 않다. 어떤 부모들은 학원비를 감당하지 못해 멀쩡한 직장 이외에 별도로 아르바이트를 한다는 이야기도 들린다. 얼마나 심각할 수준인지 미루어 짐작할 수 있다. 어쨌든 그만큼 감당할 능력이 되는 사람의 이야기지만 말이다.

선행학습 때문에 사교육을 시키는 사람들도 제법 많다. 초등학교 때 중학교 공부를 미리 가르치고, 고등학교 입학 전에 고등학교 공부를 미리 하는 것은 이제 너무 익숙한 풍경이 되었다. 학교에서조차 자연스럽게 아이들이 미리 배워왔다고 생각하고 수업을 한다는 이야기도 들린다. 결국은 누구 탓이겠는가. 있는 사람들이 없는 사람들을 배려하지 않는 문화도 문제지만, 형평성을 전혀 고려하지 않는 국가의 탓도 크다. 여기에다 사교육을 조장하는 언론의 잘못된 보도행태도 한몫을 하고 있다.

제발 아이의 성향을 좀 살폈으면 좋겠다. 공부에 대해 자신감이 없거나 적극적이지 않은 아이에게는 먼저 공부하는 방법을 알려줘야지 무조건 사교육을 시킨다고 해결되지 않는다. 그 아이의 수준을 살펴서 부족한 부분을 도와주고 자신감을 가질 수 있도록 해야 한다. 또한 본디 성향이 적극적

학교가 돌아왔다

이고 자존감이 높은 아이는 따로 선행학습을 시키지 않아도 된다. 스스로 알아서 할 수 있는 힘이 있기 때문이다. 아이의 성향은 전혀 살피지 않고 무조건 학원에 보내는 것은 폭력과 다름없다.

이런 일이 계속되는 까닭은 대부분 부모의 욕심대로 아이를 만들고자 하기 때문이다. 혹시 아이가 사교육 프로그램의 힘을 빌려 좋은 대학에 갈 수 있을지도 모른다. 하지만 그 아이가 어떤 일이든 스스로 할 수 있는 힘이 있는지는 의문이다.

대학에만 가면 다 된다는 부모들의 잘못된 믿음 때문에 대학에 입학하기 전까지 스스로 판단을 해본 경험이 전혀 없는 아이들이 의외로 많다. 그렇게 자란 아이들은 대학에서 주어지는 무한대의 자유를 누리지 못하고 허송세월을 보낸다는 이야기도 들린다.

대학생활은 물론 대학을 졸업하고 나서 스스로 판단하고, 세상을 헤쳐 나갈 수 있는 힘은, 어린 시절의 자유로운 경험과 자기를 존중하는 마음에서 나오는 것이 아닐까?

올해 장승학교 졸업식에서 졸업생들이 자신들이 직접 짠 PPT로 '나의 꿈'을 발표하는 모습을 지켜보았다. 곤충학자, 선생님, MC, 스타일리스트, 축구선수, 변호사 따위의 꿈도 있었지만 역사과학자, 여행가, 좋은 아빠가 꿈인 아이도 있었다. 가장 눈에 띈 것은 '좋은 아빠'가 꿈인 진기였다. 진기는 좋은 아빠의 꿈을 갖게 된 사연을 소개하고, 옛날에는 아이가 원하는 것이면 무엇이든 다 사주고 다 해주는 아빠가 좋은 아빠라고 생각했지만 지금은 약속을 꼭 지키는 아빠, 아이한테 소리 지르지 않는 아빠, 아이를 때리지 않는 아빠, 바쁜 직장생활 속에서도 아이와 많은 시간을 보내는 아빠가 좋은 아빠라고 생각한다고 했다. '어떤 직업을 가지겠다' 대신 '좋은 아빠'가 되겠다는 진기의 꿈은 나를 비롯한 여러 학부모들의 마음에 큰 울림을 주었다.

평소 점심시간에 밥을 먹고 그냥 가는 것이 아니라 아이들이 먹고 남은 식판을 조리원 아주머니에게 옮겨주는 모습을 늘 봐왔는데, 이렇게 성장하고 있었구나.

물론 다른 아이들도 당당하게 자신의 꿈을 발표했다. 단순히 무엇이 되고 싶다가 아니라, 왜 그런 꿈을 갖게 되었는지, 어떤 노력을 해서 그 꿈을 이룰 것인지, 꿈을 이루는 것이 단순히 욕심이 아니라 사회에 공헌하는 삶으로 꽃필 수 있도록 하겠다는 등의 발표를 들으면서 어른들 모두 흐뭇한 마음으로 졸업식을 함께할 수 있었다.

이렇게 스스로 생각하고, 실천을 계획할 수 있는 아이들의 꿈을 어른들의 욕심으로 짓밟고 있는 것은 아닌지 되돌아볼 일이다.

제발 아이들 스스로 무엇인가를 할 수 있도록 판을 깔아주었으면 좋겠다. 그리고 아이 나름의 꼴을 갖추어 갈 수 있도록 지켜보면 좋겠다.

부모의 두려움이 아이에게 전달되듯이 아이를 믿는 마음도 그대로 아이에게 전달된다. 부모가 자신을 믿고 있다는 것을 아이가 느꼈을 때 스스로 할 수 있는 힘을 쌓을 수 있다. 집에서 부모가 할 수 있는 역할은 믿어주는

학교가 돌아왔다

것과 아이가 스스로 할 수 있도록 좋은 환경을 구성해주는 것이다. 책을 읽을 수 있는 환경, 스스로 생각할 수 있는 환경, 부모와 대화를 나눌 수 있는 환경 이런 것들이 아이에게 정말 필요한 것이다. 어린 시절의 자유로움과 넉넉함, 여유가 큰 힘이 되어서 더 큰 자유로움을 펼칠 수 있도록 사교육의 굴레를 벗어던지자. 욕심을 버리자.

이제 사교육에 대한 환상보다 더 큰 환상은 없지 않을까?